Para el amor de mi vida ♡

De: Gibrán

Para: Tamarita.

Kahlo

1907-1954

NUMEN
ARTE A TRAVÉS DEL TIEMPO

Sirrocco

Página 6:
Autorretrato con collar, 1936
Oleo sobre metal, 34.5 x 29.5 cm
Colección Jacques y Natasha Gelman, ciudad de México

Autor: Gerry Souter

Diseñado por:
Baseline Co Ltd
61A-63A Vo Van Tan Street, 4º piso
District 3, Ho Chi Minh, Vietnam

Importado y publicado en México en 2012 por / Imported and published in
Mexico in 2012 by: Advanced Marketing, S. de R.L. de C.V.
Calz. San Fco. Cuautlalpan No. 102 Bodega "D", Col. San Fco. Cuautlalpan,
Naucalpan, Edo. de México, C.P. 53569

Título Original / Original Title: Kahlo

Fabricado e impreso en Eslovenia en Marzo 2012 por / Manufactured and
printed in Slovenia on March 2012 by:
Korotan Ljubljana d.o.o.
Brnčičeva ulica 31
1231 Ljubljana - Črnuče
Slovenia - EU

ISBN: 978-607-404-621-2

12 11 10 9 8 7 6 5 4 3 2 1

"Pinto mi propia realidad. Lo único que sé es que pinto porque lo necesito y pinto cualquier cosa que pasa por mi cabeza sin ninguna otra consideración".

Frida Kahlo

1934 La pareja regresa a México. Diego empieza su relación con Cristina, hermana de Frida. Cansada de la actitud de su esposo, Frida Kahlo se retira y toma como amante a Isamu Nogushi.

1937 Trotski y su mujer se refugian en México y son bienvenidos en la Casa Azul. El revolucionario ruso tiene un romance con Frida Kahlo.

1938 André Breton llega a México. Las tres parejas tienen largas discusiones sobre política y cultura. Frida Kahlo tiene su primera exposición en la galería Julien Levy en Nueva York: es capaz de empezar a vender sus pinturas. Comienza un nuevo romance con el fotógrafo Nicolás Muray.

1939 Los surrealistas le dedican una exposición a Frida. Diego y Frida se divorcian en noviembre.

1940 Frida se somete a un tratamiento médico en San Francisco con la ayuda del doctor Eloesser. En agosto, Diego y Frida se vuelven a casar.

1941 Muere el padre de Frida. La pareja se traslada a la Casa Azul.

1943 Frida se convierte en profesora en la escuela de arte "Esmeralda". Muy pronto dará clases en su casa debido a sus problemas de salud.

1946 Recibe el premio nacional de pintura por su *Moisés*.

1950 Su salud empeora: es sometida a nueve operaciones en la columna vertebral.

1953 Por primera vez en México, Lola Álvarez Bravo le dedica una exposición.

1954 Participa por última vez en una manifestación por la paz en Guatemala. Frida Kahlo muere el 13 de julio.

1959 Después de la muerte de Diego Rivera en 1957, y de acuerdo con sus deseos, el Museo Frida Kahlo abre sus puertas en la Casa Azul.

El pintor y la persona son uno e inseparables, así Frida haya usado muchas máscaras. Con sus amigos íntimos, dominó cada lugar con sus comentarios agudos e insolentes, su singular identificación con los campesinos de México pese a su distancia de ellos, su burla de los europeos y las posturas: pos-impresionistas, expresionistas, surrealistas,

Frida Kahlo a los 18 años

1926
Fotografía de Wilhelm Kahlo

social realistas..., a la búsqueda de dinero y ricos mecenas o de un puesto en las academias. Y todavía, a medida que maduró su obra, deseó reconocimiento para sí misma y para aquellas pinturas que alguna vez fueron regaladas como recuerdos. Lo que empezó como un pasatiempo rápidamente usurpó su vida.

Su vida interior osciló entre la exuberancia y la desesperación en la medida en que batalló contra el dolor casi constante derivado de sus lesiones en la columna vertebral, la espalda,

Autorretrato con vestido de terciopelo

1926
Óleo sobre tela, 79.7 x 60 cm
Legado de Alejandro Gómez Arias, ciudad de México

la pierna y el pie derechos, enfermedades de hongos, abortos, virus y las continuas ayudas experimentales de sus médicos. La singular y consistente alegría de su vida fue Diego Rivera, su esposo. Sobrellevó sus infidelidades y tuvo sus propios romances en tres continentes, acompañada tanto de hombres fuertes como de provocativas mujeres. Pero al final, Diego y Frida siempre volvieron a estar juntos.

El accidente

1926
Lápiz sobre papel, 20 x 27 cm
Colección Coronel, Cuernavaca, Morelos

CRUZ
ROJA
de Septiembre de 1926 = FRIDA Kahlo (Accidente)

Diego estuvo a su lado hasta el final. México tardó en darse cuenta del valor de su tesoro. Frida y su espectáculo individual comenzaron en México en el mismo momento en que comenzó su vida. Sin embargo, el reconocimiento de su tierra natal le fue negado hasta los últimos años de su vida. Magdalena Carmen Frida Kahlo y Calderón nació el 6 de julio de 1907 en Coyoacán, México.

Pancho Villa y Adelita

---

c. 1927
Óleo sobre tela, 65 x 45 cm
Museo del Instituto Tlaxcala de Cultura, Tlaxcala

Su madre, Matilde Calderón, devota católica mestiza de indio y europeo, defendió puntos de vista profundamente conservadores y religiosos sobre el lugar de la mujer en el mundo. De otro lado, el padre de Frida fue un artista, un fotógrafo de cierta distinción que la empujó a pensar por sí misma. Rodeado de toda la domesticidad tradicional, se aferró a Frida como al hijo sustituto que seguiría sus pasos en las artes creativas.

Retrato de Miguel N. Lira

1927
Óleo sobre tela, 99.2 x 67.5 cm
Museo del Instituto Tlaxcala de Cultura, Tlaxcala

R
19
MIGUEL
TU

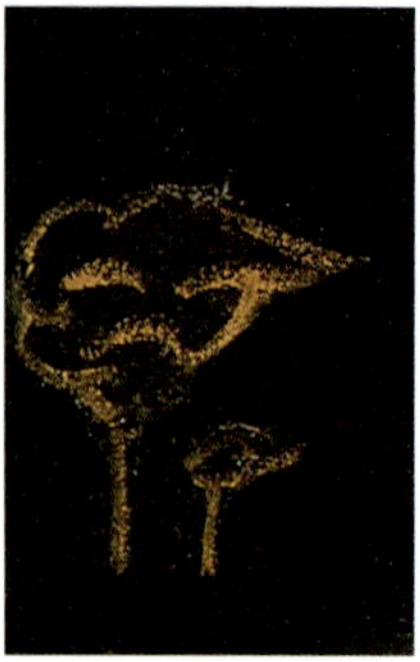
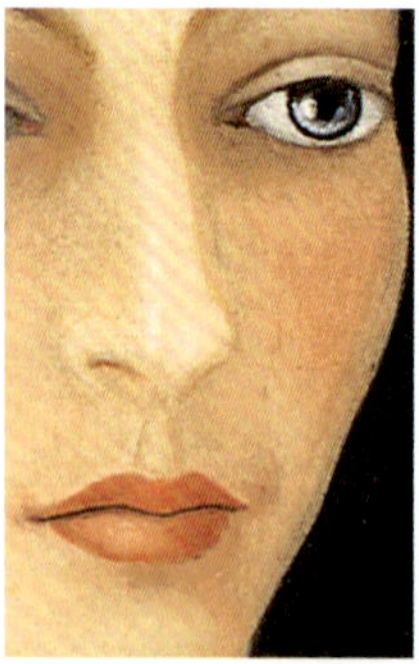

Para apartarla de los roles tradicionales aceptados por la mayoría de las mujeres mexicanas, se convirtió en su primer mentor. Frida se volvió su asistente fotográfica y empezó a aprender del negocio. Mimada, consentida e impresionable, fue matriculada en 1922 en la Escuela Preparatoria Nacional de San Ildefonso para asegurarle una educación mejor que la del promedio.

Retrato de Alicia Galant

1927
Óleo sobre tela, 107 x 93.5 cm
Museo Dolores Olmedo Patiño, ciudad de México

Aprovechó su liberación de las rígidas faenas domésticas y se unió a una serie de grupos dentro de la estructura social de la escuela. Encontró un sentido real de pertenencia con la banda de Los Cachuchas, bohemios intelectuales, así llamados por el tipo de gorras que usaban. A la cabeza de este diverso grupo estaba Alejandro Gómez Arias, quien reiteró en muchos discursos que México necesitaba una nueva ilustración de "optimismo, sacrificio, amor, alegría" e intrépido liderazgo.

Retrato de mi hermana Cristina

1928
Óleo sobre madera, 99 x 81.5 cm
Colección Otto Atencio Troconis, Caracas

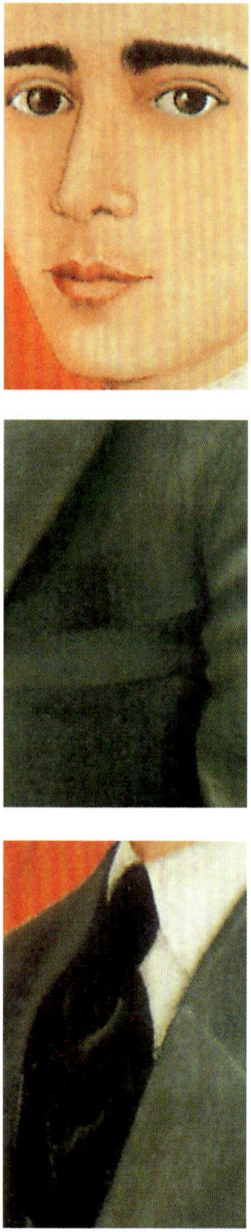

Frida sería por el resto de su vida una comunista comprometida. La atmósfera en ciudad de México estaba caldeada con peligrosos debates políticos, en la medida en que algunos oradores fugaces se atrevieron a desafiar cualquier régimen que reclamaba el poder sólo para ser asesinados en las calles o para terminar absorbidos por la corrupción. Díaz cayó ante Madero, quien duró trece meses más hasta que detuvo con su cuerpo una letal carga de balas de su general Victoriano Huerta.

Retrato de Alejandro Gómez Arias

1928
Óleo sobre tela
Legado de Alejandro Gómez Arias, ciudad de México

ALEX
CON CARIÑO PINTE TU
RETRATO QUE ES EL DE
MI CAMARADA DE
SIEMPRE
FRIDA KAHLO
30 AÑOS DESPUES.

Más tarde, Venustiano Carranza asumió el poder mientras Huerta huyó de México, pero no fue mejor que muchos de sus predecesores. Dentro de este vacío se abrieron paso los ideales del proletariado de la Revolución comunista que recorrió a Rusia después del asesinato del Zar y su familia en 1917. Las teorías socialistas de Marx y Engels parecían prometedoras después de la matanza, aparentemente sin fin, de la Revolución Mexicana.

Niña en pañal

1929

Óleo sobre tela, 65.5 x 44 cm

Colección privada (retrato de Isolda Pinedo Kahlo)

Frieda Kahlo
1929

Pese a toda esta progresiva dialéctica política y a estos debates, Frida conservó algunas enseñanzas católicas de su madre y desarrolló un amor apasionado por todo lo tradicionalmente mexicano. Por esa época, su padre le regaló un juego de acuarelas y pinceles, que a menudo se llevaba con su cámara a las excursiones y misiones. Frida se convirtió en una estudiante casual de la Escuela Preparatoria,

El bus

1929

Óleo sobre tela, 25.8 x 55.5 cm

Museo Dolores Olmedo Patiño, ciudad de México

LA RISA

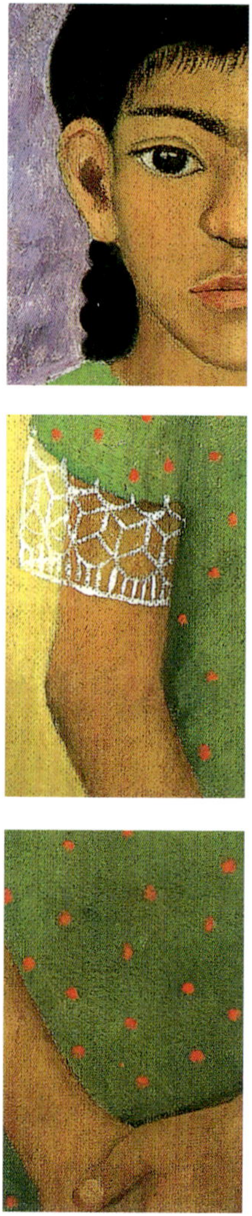

disfrutando más del estímulo intelectual de sus amigos que de los estudios formales. Durante este período, supo que el Ministerio de Educación había encargado la pintura de un gran mural en el patio de la Escuela Preparatoria. Se llamaba *La Creación* y cubría ciento cincuenta metros cuadrados de pared. El muralista era el artista mexicano Diego Rivera, quien había estado trabajando en Europa durante los últimos catorce años.

Retrato de Virginia

1929
Óleo sobre aglomerado, 77.3 x 60 cm
Museo Dolores Olmedo Patiño, ciudad de México

Para Frida fue fascinante asistir a la creación de la escena que iba cubriendo la pared vacía. Ella y algunos amigos se colaban a menudo en el auditorio para ver trabajar a Rivera. Desde muy temprana edad, el padre de Frida le enseñó a apreciar el arte de la pintura. Como parte de su educación, la animaba a copiar grabados populares y dibujos de otros artistas.

Autorretrato "el tiempo vuela"

1929
Óleo sobre aglomerado, 86 x 68 cm
Colección privada, EE.UU.

Para aliviar la situación económica del hogar, Frida se volvió aprendiz del grabador Fernando Fernández. Este elogiaba su trabajo y le daba tiempo para copiar estampas y dibujos con lápiz y tinta, a manera de pasatiempo o como un medio de expresión personal, no como "arte", pues Frida no había pensado aún en convertirse en una artista profesional. Consideraba que las habilidades de artistas como Diego Rivera sobrepasaban sus capacidades.

Retrato de una dama de blanco

c. 1929
Óleo sobre tela, 119 x 81 cm
Colección privada, Alemania

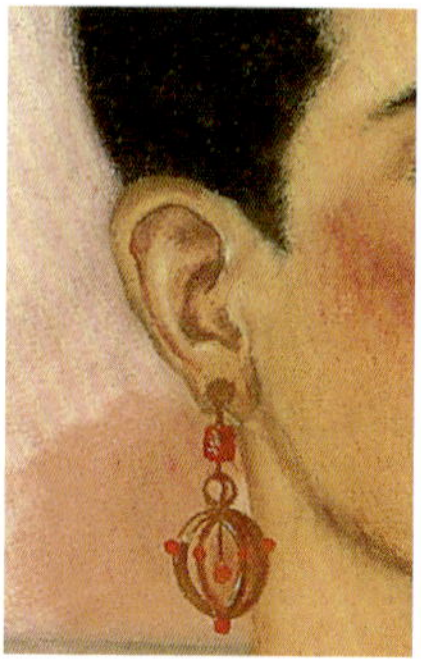

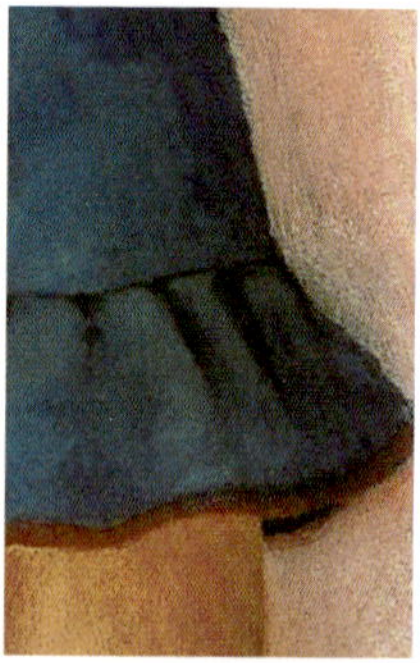

Y entonces todo cambió para siempre. En palabras de Frida, según la escritora Raquel Tibol:

Por aquellos días, los buses eran absolutamente enclenques; habían empezado a funcionar con mucho éxito, mientras los tranvías permanecían vacíos. Me subí al bus con Alejandro Gómez Arias y me senté a su lado, al fondo, cerca al pasamanos.

Autorretrato

1930
Óleo sobre tela, 65 x 55 cm
Museum of Fine Arts, Boston

FRIDA
KAHLO,
ENERO
1930

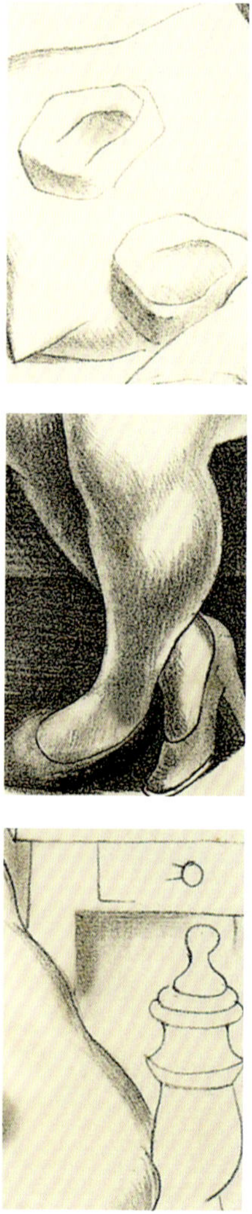

Momentos más tarde, el bus fue arrollado por un tranvía de la línea Xochimilco y estrellado contra la esquina. Fue un extraño choque, sin violencia pero sordo y lento, que nos hirió a todos, y a mí muy seriamente...

La escena del accidente era macabra. El pasamanos de hierro había apuñalado la cadera de Frida y emergía por entre su vagina. Un hilo de sangre fluía de su herida.

Desnudo de Frida Kahlo

Diego Rivera, 1930
Litografía, 44 x 30 cm
Museo Dolores Olmedo Patiño, ciudad de México

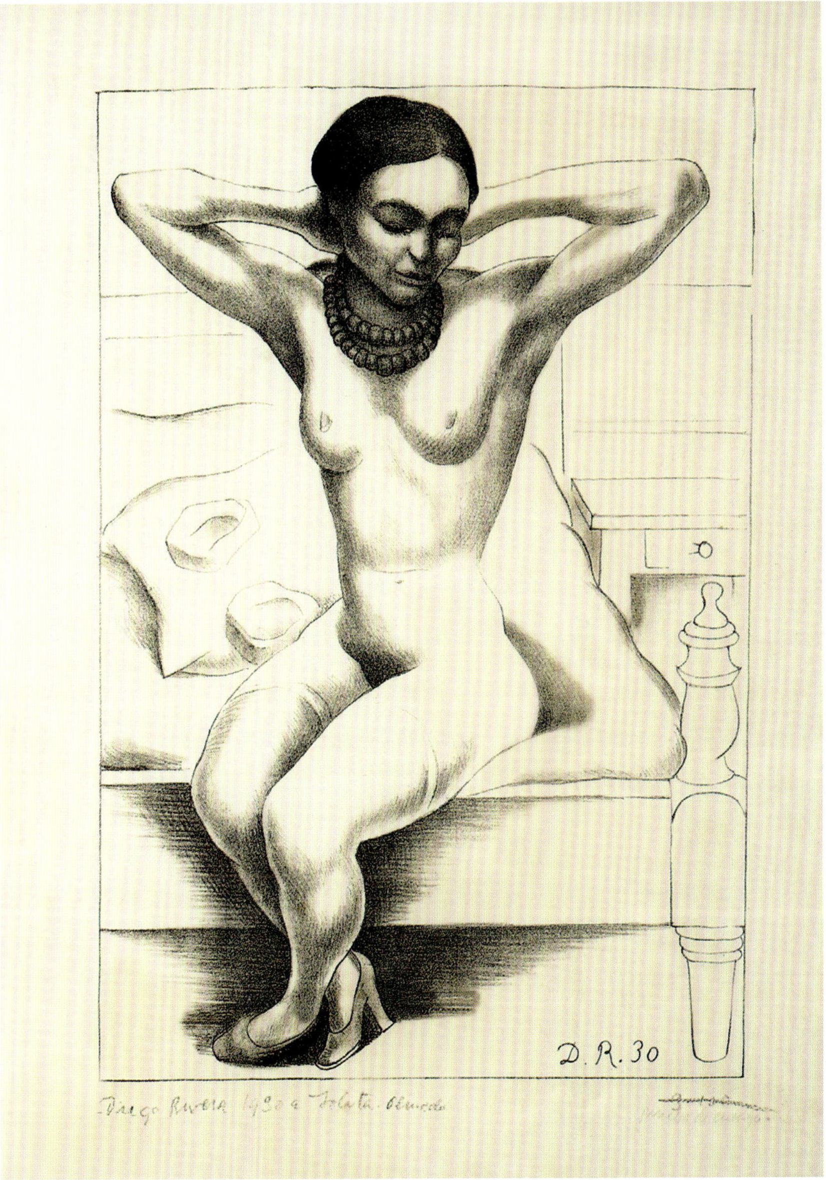
D.R.30

En medio del caos, un espectador insistía en que le extrajeran el pasamanos a la muchacha herida. Lo alcanzó y lo arrancó de la herida. Ella gritó tan fuerte que la sirena de la ambulancia que se aproximaba no pudo escucharse. Los estragos en el cuerpo de Frida Kahlo pueden ser imaginados, pero sus implicaciones fueron peores una vez se dio cuenta de que sobreviviría.

Retrato del doctor Leo Eloesser

1931
Óleo sobre aglomerado, 85.1 x 59.7 cm
University of California, School of Medicine, San Francisco

Esta chica tan vital y vivaz, a punto de tantas posibilidades profesionales, había sido reducida a convertirse en una inválida, destinada a la cama. Su juventud y vitalidad le salvaron la vida. La habilidad de su padre para ahorrar suficiente dinero para mantener a su familia y pagar las cuentas médicas de Frida había disminuido con la economía mexicana. Lo que obligó a prolongar su estadía por un mes en el agobiado y desatendido hospital de la Cruz Roja.

Exhibición de una vitrina en una calle de Detroit

1931
Óleo sobre placa metálica, 30.3 x 38.2 cm
Colección privada

Kahlo 1931.
Aparador en una calle de Detroit.

Después de haber estado inmovilizada en una cama, envuelta en yeso y vendajes, se le permitió volver a casa. Gradualmente, su indómita voluntad le hizo valerse por sí misma y empezó a tomar decisiones dentro de la estrecha perspectiva que dominaba.

En diciembre de 1925 recuperó el uso de sus piernas. Una de sus primeras y dolorosas jornadas fue a ciudad de México.

Frida y Diego Rivera o Frida Kahlo y Diego Rivera

1931
Óleo sobre tela, 100 x 79 cm
San Francisco Museum of Modern Art
Colección Albert M. Bender, San Francisco

Aquí nos veis, a mí
pinté estos retratos en
nuestro amigo Mr
Frieda Kahlo junto con mi amado esposo Diego Rivera,
la bella ciudad de San Francisco California para
Albert Bender, y fué en el mes de abril del año 1931.

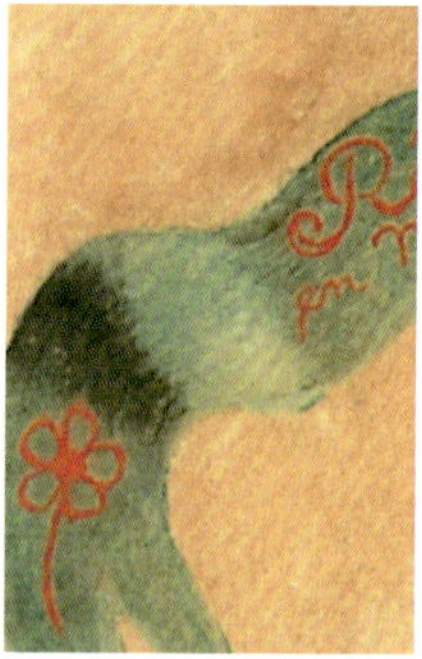
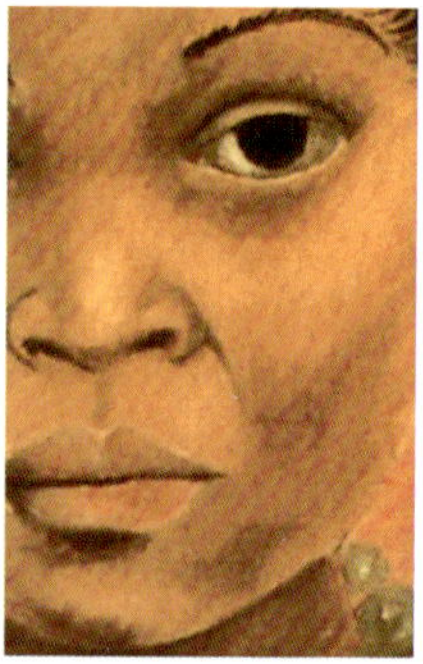

Poco tiempo después los dolores de las heridas en la espalda la postrarían y más médicos se apiñarían alrededor de su vida. Le fueron descubiertas tres fracturas no diagnosticadas en la columna vertebral, por lo que fue de inmediato forrada en yeso una vez más. Atrapada e inmovilizada después de aquellos breves días de libertad, empezó de manera realista a determinar sus opciones. Como los días de desasosiego continuaron, pasaba el tiempo pintando escenas de Coyoacán,

Retrato de Eva Frederick

1931
Óleo sobre tela, 63 x 46 cm
Museo Dolores Olmedo Patiño, ciudad de México

Retrato de Eva Frederick, nacida
en Nueva York, pintado por Frieda Kahlo.

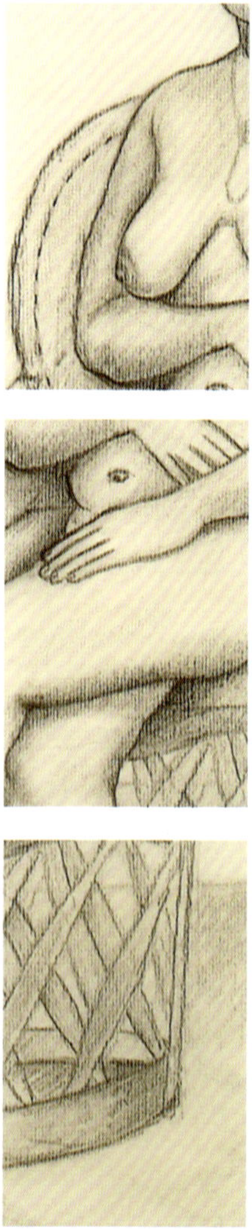

así como retratos de parientes y amigos que venían a visitarla. Sorprendida por el elogio de sus pinturas, comenzó a decidir quién recibiría cada cuadro antes de empezarlo. Los regalaba como recuerdo. Con estas pinturas inició una notable serie de reflexiones sobre su vida, introspectivas y reveladoras, que examinaban su mundo desde atrás de sus ojos y desde el interior de esa colcha de retazos de su cuerpo que se iba desmoronando.

Desnudo de Eva Frederick

1931
Lápiz sobre papel, 60.5 x 47 cm
Museo Dolores Olmedo Patiño, ciudad de México

Eva Fredrick

En 1928, Frida se recuperó lo suficiente como para dejar a un lado sus corsés ortopédicos y escapar al estrecho mundo de su cama para salir de la Casa Azul, una vez más, a la agitación social y política de ciudad de México. Empezó por explorar el vertiginoso mundo del arte y la política mexicanos. No perdió tiempo en reunirse con sus viejos camaradas de los distintos grupos de la Escuela Preparatoria. Pronto, en cuanto fue arrastrada por la corriente de un círculo a otro,

Paisaje con cactus

Diego Rivera, 1931
Óleo sobre tela
Colección privada

se alineó con un grupo de políticos aspirantes, anarquistas y comunistas que gravitaban alrededor de la americana expatriada Tina Modotti. Durante la Primera Guerra Mundial y a comienzos de los años veinte, muchos intelectuales, artistas, poetas y escritores norteamericanos huyeron de Estados Unidos hacia México, y luego a Francia, en busca de un modo de vida más barato y de ciertos ideales políticos.

Estudio para el retrato de Luther Burbank

1931
Lápiz sobre papel, 29 x 21 cm
Colección Juan Coronel Rivera, ciudad de México

FRIDA Kahlo

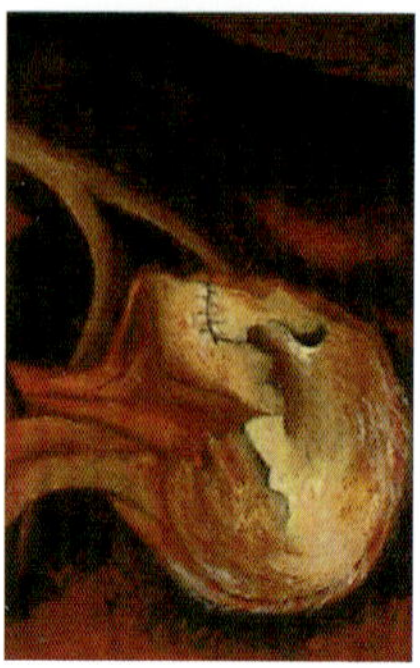

Se habían congregado para alabar o condenar las obras de cada cual y bosquejar manifiestos pomposos mientras participaban en una larga y ebria fiesta que duró algunos años, tambaleándose desde el apartamento hasta el bar y viceversa. Estos expatriados inventaron una visión sentimental del noble labriego que trabaja duro en los campos y promovieron la visión mexicana de la vida como "fiestas y siestas", interrumpida por la ocasional y sangrienta revuelta campesina y unos cuantos asesinatos políticos aislados.

Retrato de Luther Burbank

1931
Óleo sobre aglomerado, 86.5 x 61.7 cm
Museo Dolores Olmedo Patiño, ciudad de México

Luther Burbank

En medio de esta sociedad de discusiones lubricadas con tequila, surgió la formidable presencia de Diego Rivera, el hijo pródigo que regresaba a casa después de haber pasado catorce años fuera y de que le echasen a puntapiés de Moscú. A pesar del rudo tratamiento por parte de los críticos estalinistas de arte y de las reveladas amenazas del gobierno ruso de perjudicarlo si no se marchaba, Diego adoptó el comunismo como la salvación del mundo.

Retrato de la señora Cristina Hastings

1931
Sanguina sobre papel, 47 x 29 cm
Museo Dolores Olmedo Patiño, ciudad de México

Frida Kahlo - 31
"Retrato di Lady Hastings".
San Francisco. Cal.

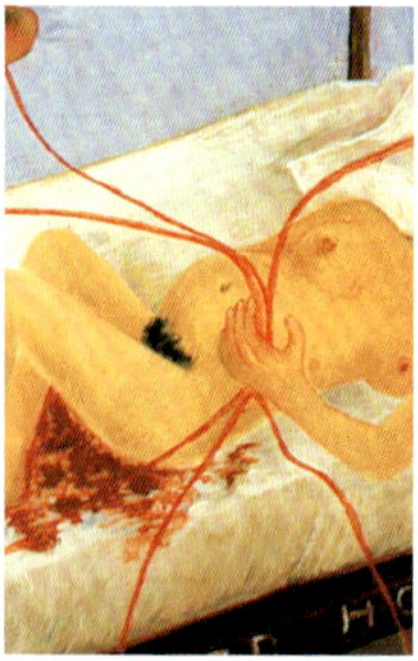

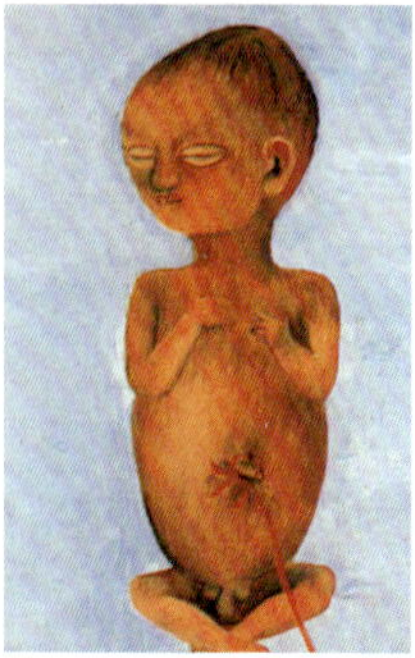

Nada más llegar, en 1921, estableció relación con algunos movimientos de arte pro-mexicanos, así como muralistas, pintores de caballete, fotógrafos y escritores. Dentro de esta sociedad profundamente mexicanista, el círculo de expatriados y simpatizantes de Tina Modotti encajó a la perfección en el círculo del partido. Frida entró sin querer en este estimulante grupo. Tal y como lo recuerda, así fue su primer encuentro con su futuro esposo:

Hospital Henry Ford o La cama voladora

1932
Óleo sobre madera, 30.5 x 38 cm
Museo Dolores Olmedo Patiño, ciudad de México

JULIO DE 1932 F.K.
HENRY FORD HOSPITAL DETROIT.

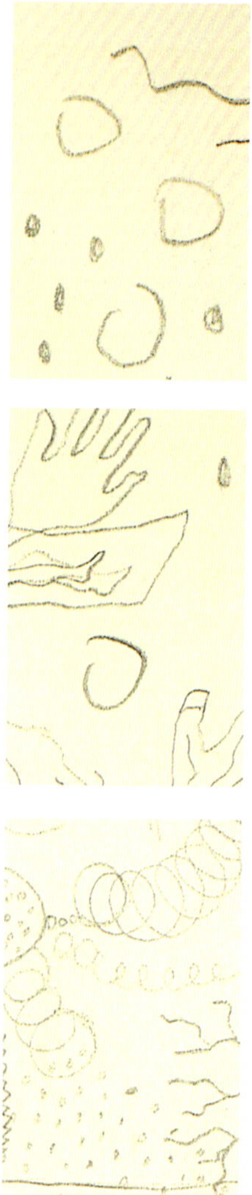

"Empezamos a conocernos cuando todos usaban pistolas; cuando les daba la gana, simplemente disparaban a las lámparas de la avenida Madero. Diego disparó una vez a un gramófono en una de las fiestas de Tina. Ahí fue cuando empecé a interesarme por él, aunque también le temía". Diego vio el mismo destello en los ojos de la colegiala, quien se había encontrado de frente con la ex esposa de Diego, Lupe Marín, y no cedió terreno.

El sueño o Autorretrato soñando

1932
Lápiz sobre papel, 27 x 20 cm
Colección Juan Coronel Rivera, ciudad de México

1932. Frida Kahlo

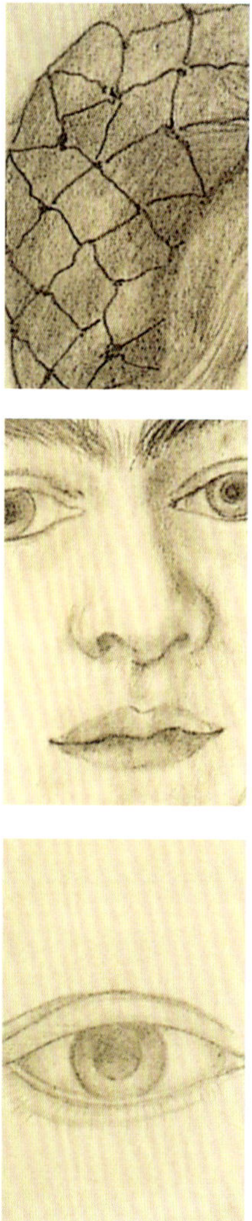

Frida era más que una chica estropeada de la burguesía. Ella lo desafió y Diego Rivera, el eterno espadachín, nunca rechazaba un desafío. Su interés original en la insolente chica, cuya actitud batalladora le había encantado, se transformó en un profundo respeto al reconocerla como a una artista colega con quien podía relacionarse a distintos niveles.

Autorretrato 9 de julio de 1932

1932
Lápiz sobre papel, 20.5 x 13.5 cm
Colección Juan Coronel Rivera, ciudad de México

9 de Julio de 1932.

No pasó mucho tiempo hasta que Diego empezó a aparecer por la Casa Azul todos los domingos. Diego se convirtió en un aunténtico pretendiente. El 21 de agosto de 1929, Frida Kahlo, de veintidós años, se casó con Diego Rivera, de cuarenta y dos, en una ceremonia civil, acompañados de unos pocos amigos cercanos en la alcaldía de Coyoacán. Al adoptar su papel de buena esposa, Frida le llevaba a Rivera, hasta el andamio, su almuerzo diario.

Autorretrato (de pie) a lo largo de la frontera entre México y Estados Unidos

1932
Óleo sobre metal, 31 x 35 cm
Colección Manuel y María Reyero, Nueva York

FORD
CARMEN RIVERA
PINTO SU RE-
TRATO EL
AÑO D 1932

Sus tareas de dedicada esposa le reclamaban mucho tiempo, por lo que Frida dejó prácticamente de pintar. Sin embargo, en 1929, puso en orden su cabeza. Un lienzo parece marcar el principio del fin de su confusión mental, *El bus* (página 27).

En diciembre de 1930, Rivera recibió un encargo de los Estados Unidos. Frida acompañó a Diego y estableció sus cuarteles en una casa de fin de semana.

San Nicolás

1932, datado 1937
Técnica mixta sobre papel, 23 x 27 cm
Colección Juan Coronel Rivera, ciudad de México

DIC.
5
SAN
Baba.
Frida Kahlo
1937.

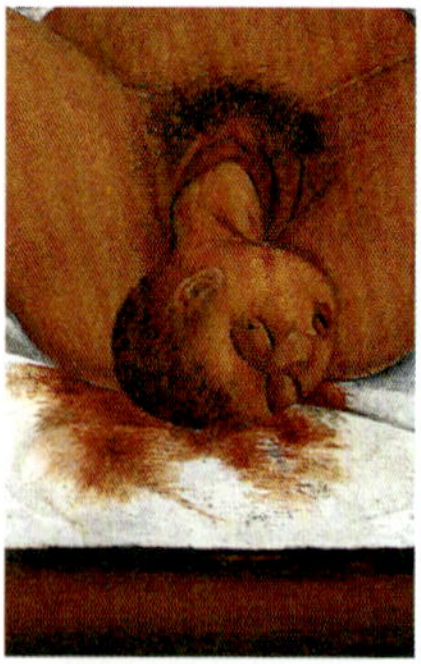

En esta ocasión, dedicó bastante tiempo al proyecto viendo trabajar a Diego y haciendo ocasionales preguntas o algo de crítica. Diego encontró que muchas de sus sugerencias fueron muy útiles. Las ideas de Frida llegaron a influenciarlo durante el resto de su relación. Por esa época, el Partido Comunista estaba harto de Diego Rivera. Aunque mantuvo una oficina en el partido y mostró solidaridad en sus reuniones,

Mi nacimiento

1932
Óleo sobre metal, 30.5 x 35 cm
Colección privada, EE.UU.

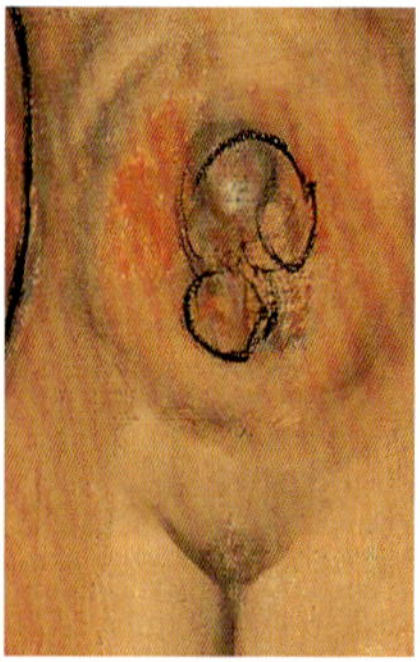

su casual aceptación de encargos de clientes capitalistas lo puso a contrapelo con los ideólogos conservadores. En 1929 fue expulsado del partido y, para demostrarle su lealtad, Frida también se marchó. Ninguno de los dos abandonó las metas del comunismo y continuaron defendiendo sus causas antiimperialistas, pero su apoyo venía por vías secundarias. En Cuernavaca, Frida sufrió un aborto a los tres meses de su primer embarazo.

Frida y la operación cesárea

1932
Óleo sobre tela, 73 x 62 cm
Colección privada

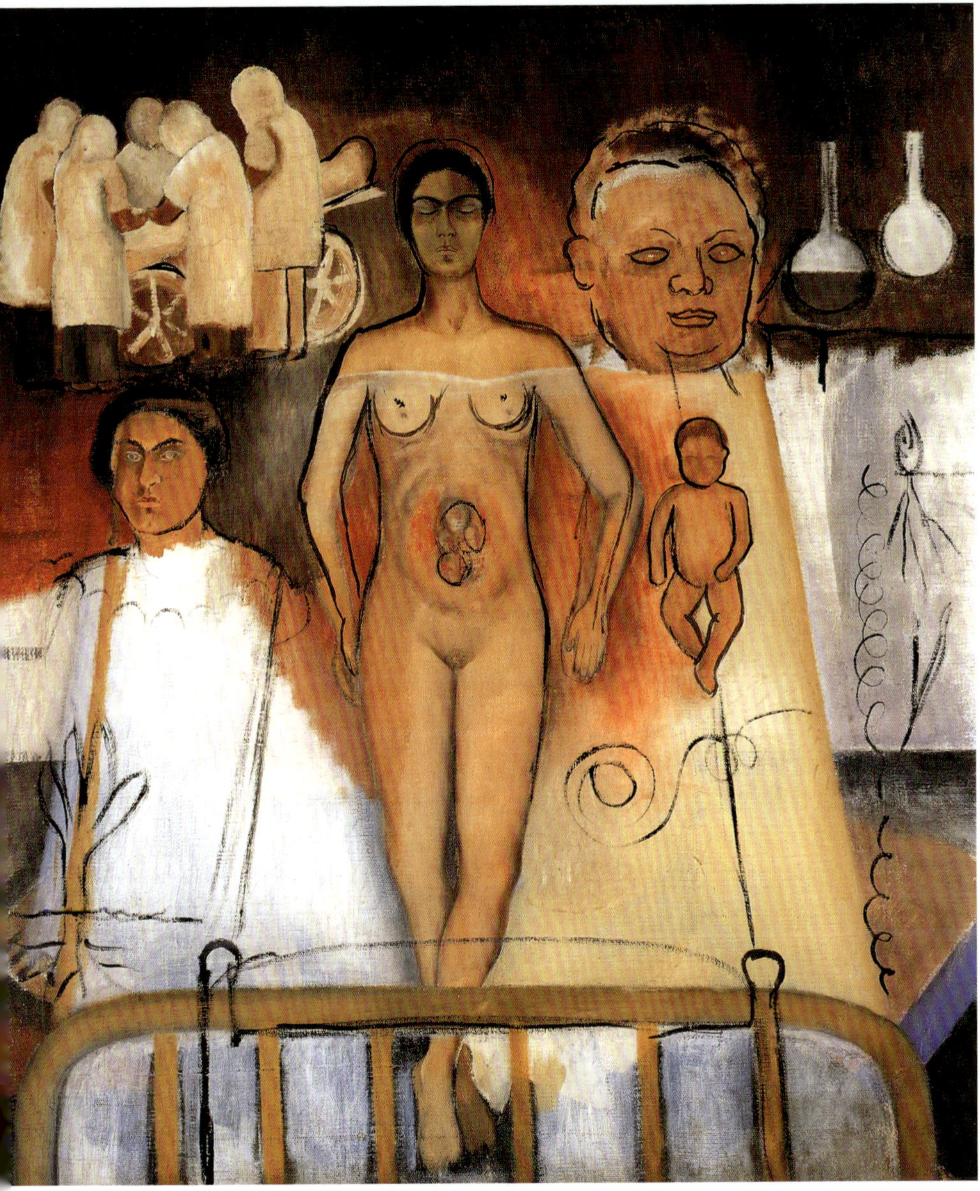

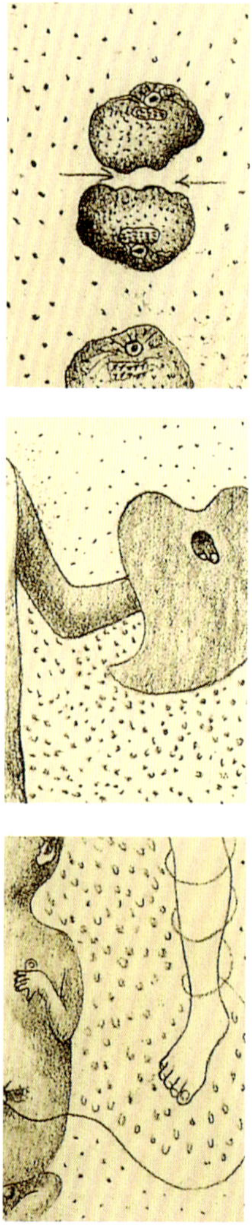

Este evento devastador pronto sería superado por otro, cuando descubrió que Diego había tenido un romance con una de sus asistentes. A finales de los años veinte, el clima político de México cambió de nuevo y Diego se encontró en medio de una batalla ideológica. No sólo fue declarado *persona non grata* en los cuarteles generales del Partido Comunista,

Frida y el aborto o El aborto

1932
Litografía sobre papel, 29.3 x 23 cm
Museo Dolores Olmedo Patiño, ciudad de México

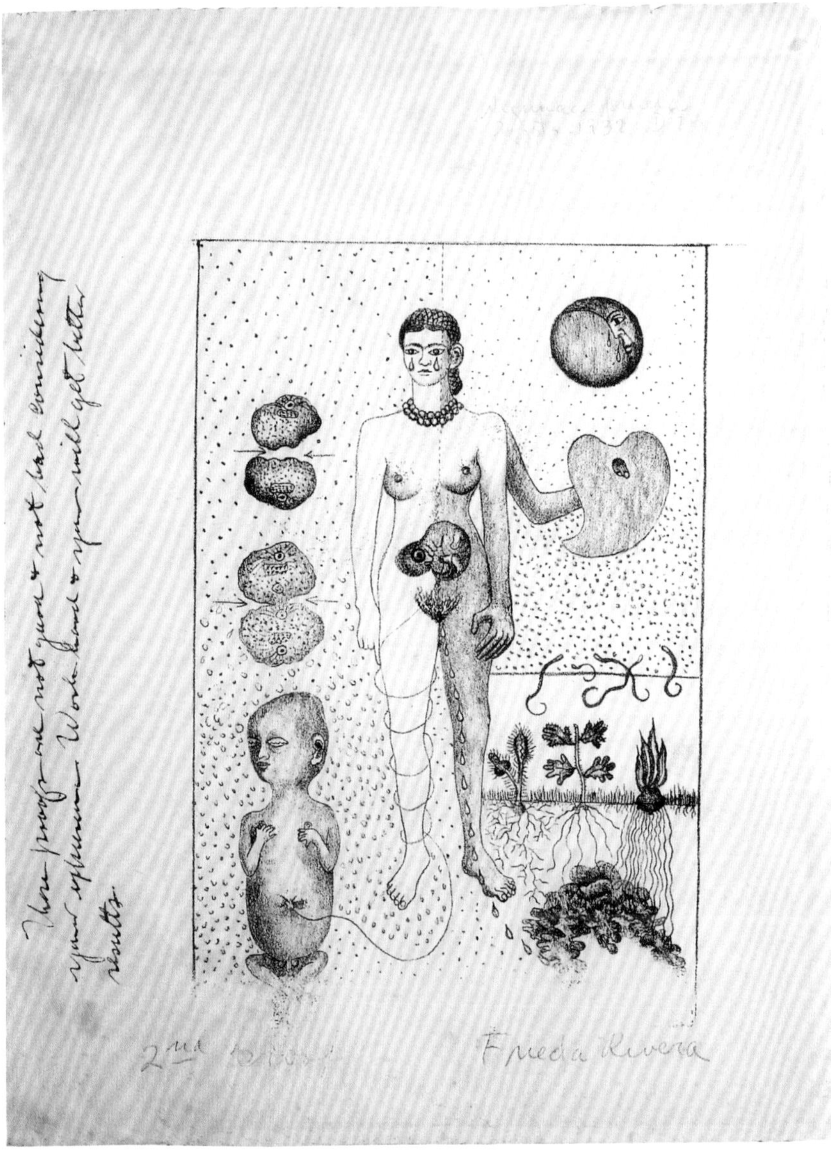
These proofs are not good & not bad considering your experience. Work hard & you will get better results.
Frieda Rivera

sino que el gobierno se cansó con tanto tema socialista en los murales "históricos", surgidos de improviso por todo el país. Sintiéndose agobiado, Rivera aceptó algunos encargos en San Francisco, empacó sus pinceles y a Frida, y se dirigió a los Estados Unidos. Llegaron en el momento en que la Gran Depresión empezaba a instalarse, arrasando fortunas,

Mi vestido cuelga allí o Nueva York

1933

Óleo y collage sobre cartón, 46 x 50 cm

Galería Hoover, San Francisco, legado del Dr. Leo Eloesser

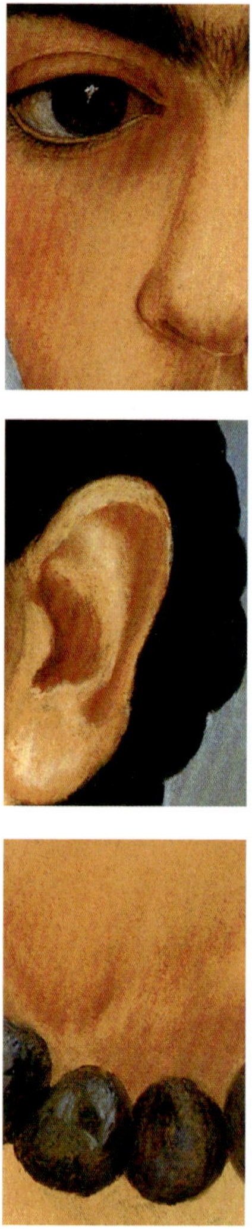

cerrando bancos y persiguiendo granjeros fuera de sus predios con juicios hipotecarios clavados en las puertas de las granjas. No obstante, todavía había dinero para pagar murales y fiestas de bienvenida entre la sociedad de San Francisco, quienes trataron a Diego como a una celebridad y escudriñaron a Frida. Pese a todas sus lecturas filosóficas y a su retórica política, se trataba de una chica provinciana de veintitrés años que hacía su primer viaje al exterior, lejos de casa y de sus amigos.

Autorretrato con collar

1933
Óleo sobre metal, 34.5 x 29.5 cm
Colección Jacques y Natasha Gelman, ciudad de México

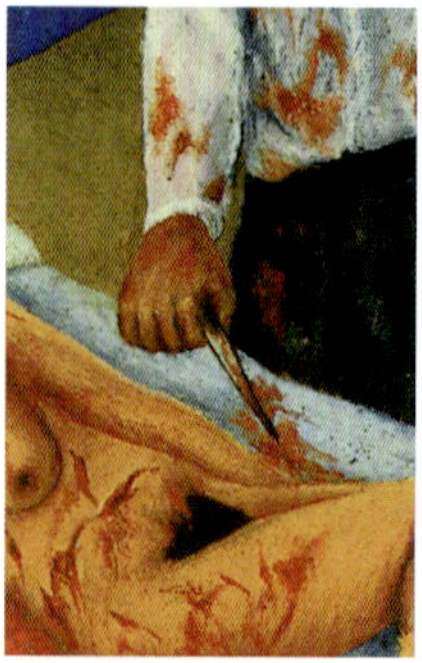

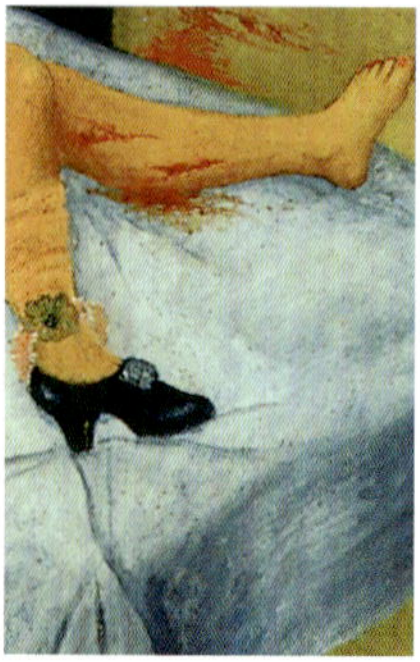

Frida evitó a la gente de San Francisco, a quienes encontraba "aburridos" y con rostros de "galletas crudas". Su salud empeoró. Sus tendones del pie y tobillo derechos se irritaron a tal punto que le fue penoso caminar. Decidió consultar a un médico de San Francisco y amigo de Rivera: el doctor Leo Eloesser. Rápidamente, el médico y la artista trabaron amistad.

Unos cuantos piquetitos

1935
Óleo sobre metal, 38 x 48.5 cm, con marco
29.5 x 39.5 cm; sin marco
Museo Dolores Olmedo Patiño, ciudad de México

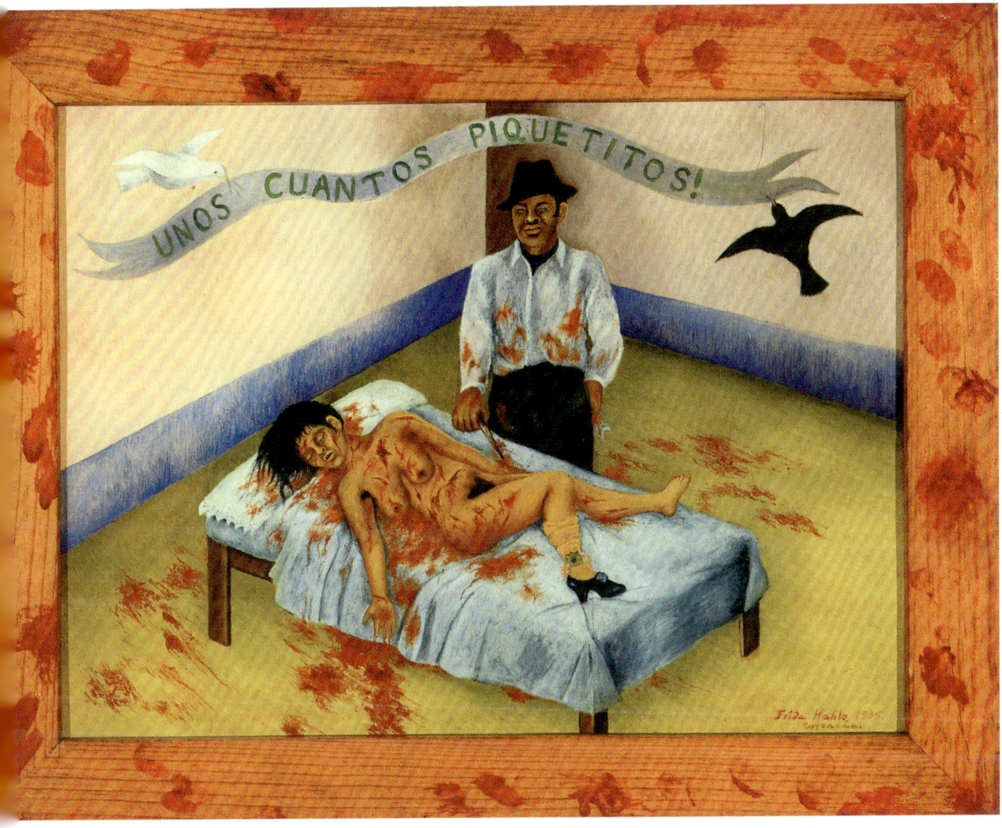
UNOS CUANTOS PIQUETITOS!

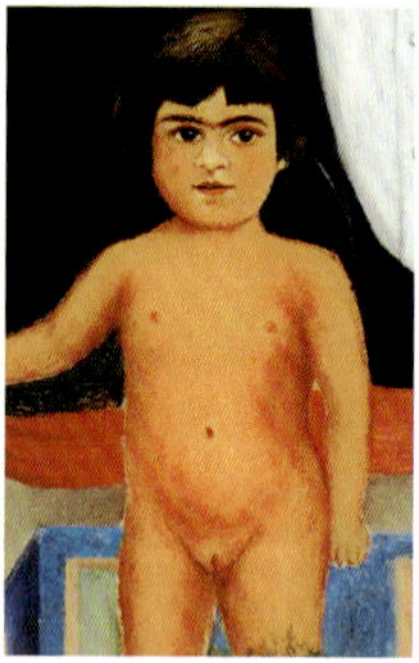

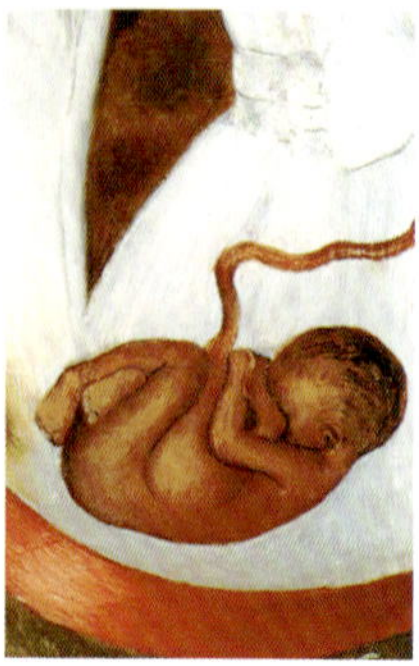

Además de determinar que Frida padecía de escoliosis, una deformación congénita de la columna vertebral, también descubrió lo que interpretó como una conexión entre el restablecimiento de su pierna, los problemas del pie y el estrés derivado de su caótica vida sentimental. En la medida en que ocurrían grandes y pequeñas crisis, tales como los últimos devaneos públicos de Diego, sus problemas físicos afloraban.

Mis abuelos, mis padres y yo

1936
Óleo y témpera sobre metal, 30.7 x 34.5 cm
Museum of Modern Art, Nueva York
Donación del Dr. Allan Roos, M.D. y B. Roos.

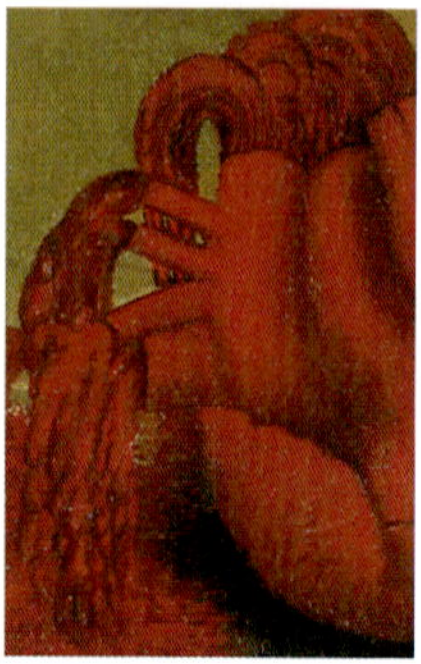

El doctor Eloesser le recomendó un régimen de vida saludable que calmase tanto sus agonías físicas como mentales. Frida persistió en su amistad pero ignoró su consejo. En cambio, se dedicó a su arte y a una serie de retratos. Entre ellos, Frida produjo uno de sí misma que es una obra maestra. También pintó un retrato de Luther Burbank, el famoso horticultor que con sus cincuenta y tres años de haber estado cruzando especies de plantas hizo una enorme contribución a la agricultura californiana.

Memoria o El corazón

1937
Óleo sobre metal, 40 x 28 cm
Colección privada, Nueva York

Con excepción de sus salidas de compras por *Chinatown*, donde le encantaba observar a los niños chinos, Frida encontró a San Francisco poco interesante. No supo aprovechar su singular arquitectura urbana ni su bahía escénica como temas de sus cuadros. Adaptándose a otra cultura, empujada en un medio extraño donde ella misma era un objeto de curiosidad, separada de su idioma y de los suyos, todas estas influencias empañaron sus juicios y prioridades.

Autorretrato dedicado a León Trotski
o Entre las cortinas

1937
Óleo sobre tela, 87 x 70 cm
National Museum of Women in the Arts,
donación de Clare Boothe, Washington D.C.

Para Leon Trotsky
con todo cariño
dedico esta pin-
tura, el dia 7
de Noviembre de
1937.
Frida Kahlo
En San Angel.
México

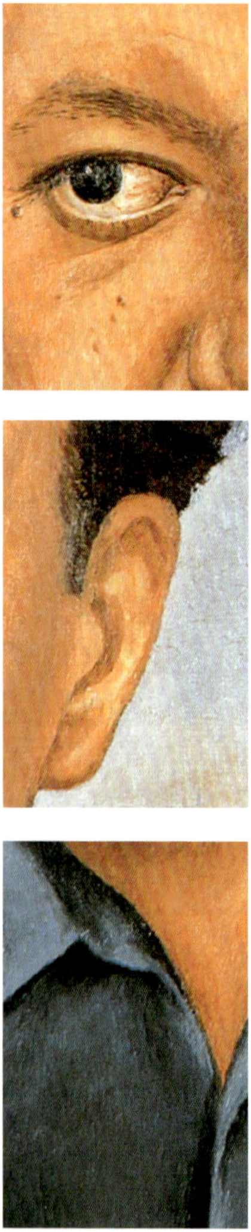

En la medida en que su soledad la forzó a volver sobre su obra, empezó a considerar su valor como arte público más que como gratos recuerdos para sus amigos. El decorado cosmopolita de San Francisco le reveló nuevas perspectivas y posibilidades. En una carta a su amiga Isabel Campos, escribió: "Carezco de amigas... por eso dedico mi vida a pintar. En septiembre inauguraré mi primera exposición en Nueva York.

Retrato de Diego Rivera

1937
Óleo sobre tela, 46 x 32 cm
Colección Jacques y Natasha Gelman, ciudad de México

No tengo tiempo para nada y sólo he podido vender aquí unas pocas pinturas, pero de todos modos fue muy bueno para mí haber venido pues esta experiencia me abrió los ojos, por lo que ahora veo muchas cosas nuevas y buenas".

Llevaban apenas unos meses en casa cuando Diego recibió una invitación del Museo de Arte Moderno de Nueva York para que les ayudara a montar una retrospectiva de su obra.

Autorretrato sentada sobre la cama o
Mi muñeca y yo

1937
Óleo sobre metal, 40 x 31 cm
Colección Jacques y Natasha Gelman, ciudad de México

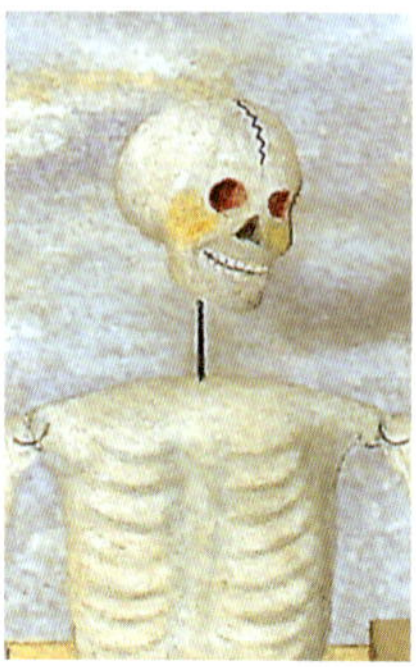

Aunque Frida se enfrentaba al hecho de haber huido de sus raíces mexicanas, esta noticia debió iluminar las posibilidades de una exposición de su propia obra. Para ello, debería una vez más retirarse a "gringolandia" y codearse con los ricos, con el arte aburrido y con la sociedad estereotipada que revoloteaba alrededor de Diego. Se embarcaron en el *Castillo Morro* a mediados de noviembre para llegar a Manhattan el 13 de diciembre de 1931, justo a tiempo para la exposición del 23 de diciembre .

Cuatro habitantes de ciudad de México

1937
Óleo sobre aglomerado, 31.4 x 47.9 cm
Colección privada, EE.UU.

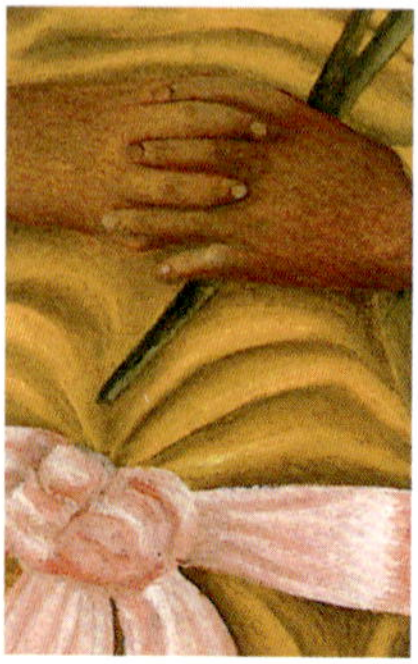

Así como aconteció en San Francisco, una vez llegaron Diego y Frida fueron adoptados por los ricos y los famosos, tanto por el dinero viejo como por el nuevo y, como antes, Diego fue el centro del torbellino. Las paredes de la galería albergaron ciento cincuenta de sus obras y exhibieron ocho murales que Diego preparó especialmente para la exposición. Críticos de arte viajaron a Nueva York desde todo el país. La exposición fue un gran éxito.

Dimas Rosas muerto a los tres años

1937
Óleo sobre aglomerado, 48 x 31.5 cm
Museo Dolores Olmedo Patiño, ciudad de México

El difuntito Dimas Rosas —
a los tres años de edad. 1937.

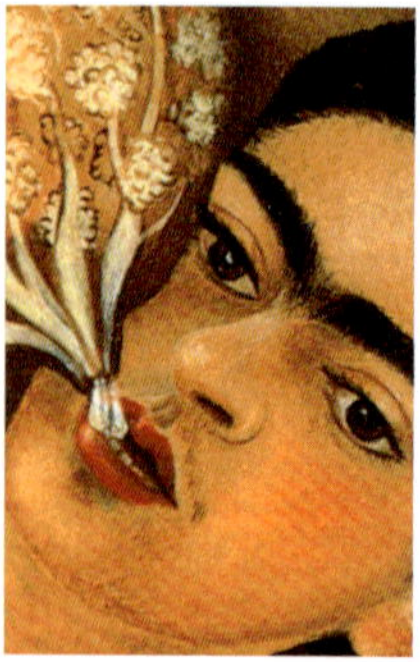

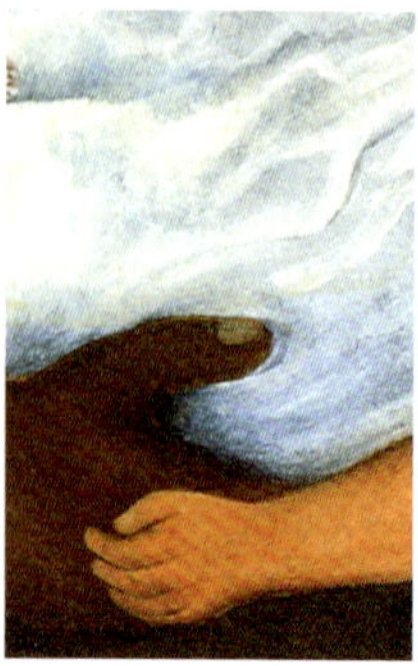

La pequeña mexicana de veinticuatro años tomada del brazo de Diego Rivera fue mencionada en la efusión de la prosa como "tímida" y "modesta", quien "también hace un poco de pintura", mencionaron de paso los comentaristas. Su pintoresco rechazo de las condiciones urbanas norteamericanas al comienzo de la Gran Depresión subraya su propia e ingenua retórica política sobre la sublevación de las masas, pues nunca estuvo realmente en contacto con el pueblo mexicano agobiado de pobreza.

Mi nana y yo

1937
Óleo sobre metal, 30.5 x 34.7 cm
Museo Dolores Olmedo Patiño, ciudad de México

Pero en Nueva York, la enorme brecha entre las limosinas con chofer deslizándose arriba y abajo por entre desfiladeros de cemento y las filas para el pan arrastrándose hacia las fachadas de las cocinas comunales debieron haber reforzado las sensibilidades socialistas de Frida. Degradar a sus anfitriones norteamericanos pudo también haber sido un efecto colateral de sentirse ignorada como artista, una vez más. Frida continuaba siendo "la señora Rivera". Los niños estaban en la mente de Frida.

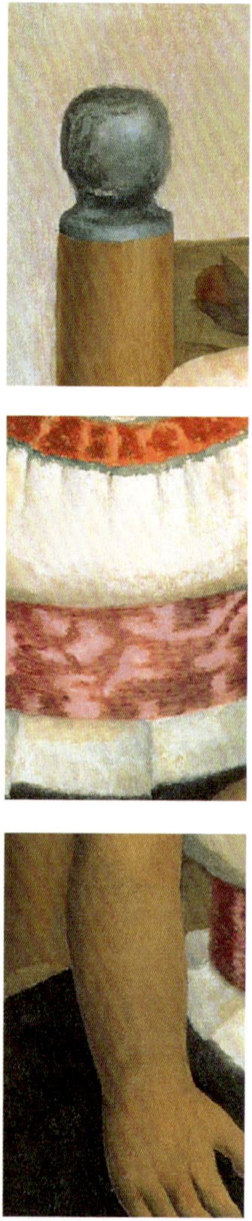

Modesta

Diego Rivera, 1937
Óleo sobre tela
Colección privada

Diego Rivera

Había escasamente desempacado, cuando descubrió que estaba embarazada. La idea le encantó y la aterrorizó al mismo tiempo. Siempre le habían gustado los niños y tenía un profundo instinto maternal que había prodigado en Diego. Pero tenía miedo de su herencia y de su habilidad para llevar el embarazo a término.

Sus conflictos fueron muy reales y si tuvo la idea de que compartir un bebé pondría punto final a las aventuras amorosas de Diego, estaba probablemente equivocada.

Fulang Chang y yo

1937
Óleo sobre aglomerado, 40 x 28 cm
Museum of Modern Art, Nueva York

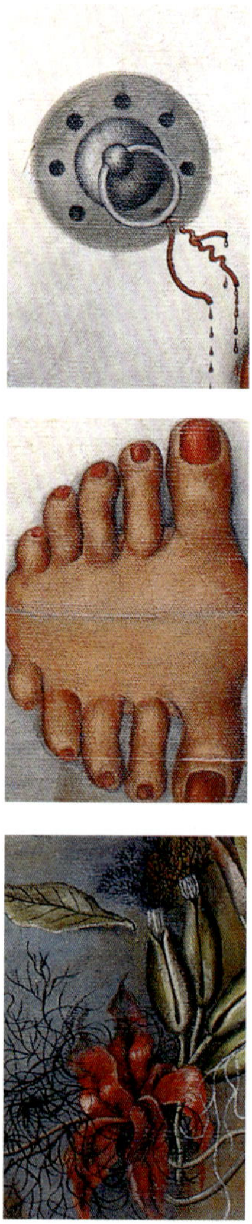

Diego ya había abandonado dos niños de un matrimonio anterior y rara vez se ocupaba de la hija que tuvo con Lupe Marín. Consultó a un médico en Detroit, quien le aconsejó que el niño podría nacer con una cirugía cesárea. Frida decidió tener el bebé. En el cuarto mes de embarazo, el 4 de julio de 1932, abortó. Emocional y físicamente agotada, volvió a su único consuelo: la pintura. Transformó su soledad y depresión en actividad creadora.

Lo que el agua me dio

1938
Óleo sobre tela, 91 x 70.5 cm
Colección Isidore Ducasse, Francia

Por esa época, sus temas fueron más personales y apartó sus emociones para dar paso a su triste narrativa. Si el aborto no fue lo suficientemente abrumador, Frida recibió noticias de casa donde su madre se estaba muriendo de cáncer. Todavía recuperándose de su trauma, Frida tuvo que regresar a Coyoacán tan pronto como pudo. Llegó a México el 8 de septiembre y su madre murió el 15 del mismo mes del año 1932. El 21 de octubre volvió a Detroit, donde se enteró de que Diego había recibido otro encargo.

Frutos de la tierra

1938
Óleo sobre aglomerado, 40.6 x 60 cm
Colección Banco Nacional de México, ciudad de México

Esta vez, se trataba de pintar un mural en la recepción del edificio de la RCA en el Centro Rockefeller de Nueva York. Acto seguido, la Feria Mundial que tendría lugar en Chicago en 1933 quería un mural con el tema de "industria y maquinaria". Diego trabajó hasta quedar exhausto para terminar el proyecto de Detroit y dedicar un poco de tiempo a Frida, quien volvió a renacer de sus cenizas. Nueva York estaba en las garras heladas del invierno cuando los Rivera finalmente desempacaron sus valijas en un apartamento ubicado arriba del centro de Manhattan.

Autorretrato con mono

1938
Óleo sobre aglomerado, 40.6 x 30.5 cm
Art Gallery Albright-Knox, Buffalo

Frida hizo compras y salió con algunos amigos, conocidos desde su última visita. Rara vez pintó pero retocó una pintura que había dejado inconclusa cuando dejó Nueva York en diciembre de 1933, rumbo a México.

En tanto el mural del edificio de la RCA avanzaba, el mundo empezó a tener noticia de que la versión de Diego de *Hombres en los cruces de caminos mirando con esperanza y visión la escogencia de un futuro nuevo y mejor* tenía la imagen de un comunista. Aunque los bocetos habían sido aprobados,

Niña con máscara de la muerte

1938
Óleo sobre metal, 20 x 14.9 cm
Colección privada

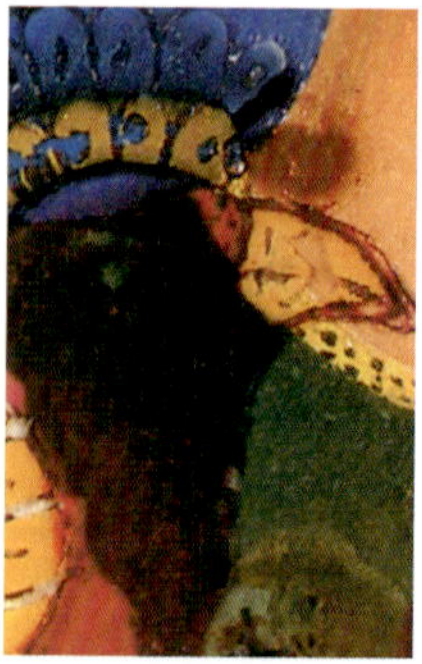

de alguna manera los patrocinadores y el joven Nelson Rockefeller pasaron por alto un retrato que entre el panteón de rostros gradualmente se convirtió en el retrato de la pesadilla de todo capitalista: Vladimir Ilich Lenin.

La venta de boletas se suspendió, el mural fue escondido de la vista del público y Rockefeller insistió en que Rivera corrigiera el retrato. Diego no sólo se negó a hacerlo, sino que declaró que quería terminar la obra para el primero de mayo, día de la celebración de la revolución rusa.

Autorretrato enmarcado o El marco

c. 1938
Óleo sobre aluminio y vidrio, 29 x 22 cm
Centro Georges Pompidou,
Musée national d'Art moderne, París

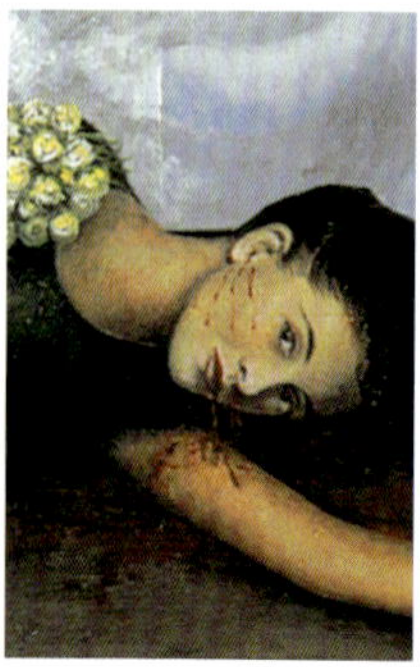

En una jugada conciliatoria, Diego ofreció equilibrar la cabeza de Lenin con una cabeza de Abraham Lincoln del mismo tamaño. Poco tiempo después, un pelotón de guardias de seguridad y el gerente del edificio cruzaron con estruendo el piso de mármol travertino de la recepción, suspendieron los trabajos en el mural, entregaron el saldo del dinero que se debía hasta la terminación de la obra y expulsaron a Rivera y su banda de revolucionarios fuera del sacrosanto recinto del Centro Rockefeller.

El suicidio de Dorothy Hale

1938-1939
Óleo sobre aglomerado, 60.4 x 48.6 cm
Phoenix Museum of Art, Phoenix (Arizona)

En la ciudad de Nueva York el día 21 del mes de OCTUBRE de 1938, a las seis de la mañana, se suicidó
la señora DOROTHY HALE tirándose desde una ventana muy alta del edificio Hampshire House.
En su recuerdo,
este retablo, habiéndolo ejecutado FRIDA KAHLO.

Con gritos se acercaron a salvar el mural, formando piquetes y deteniendo el tráfico fuera del edificio de la RCA. Artistas, intelectuales, políticos, autoridades, potentados y editorialistas de periódico se enfrascaron en una guerra de palabras.

Diego, con el cheque en su bolsillo, disfrutó el alboroto justo hasta cuando recibió una llamada telefónica de Chicago cancelando el mural *La fragua y la fundición*.

Naturaleza muerta con pitahayas

1938
Óleo sobre electro-plata, 25.4 x 35.6 cm
Colección privada

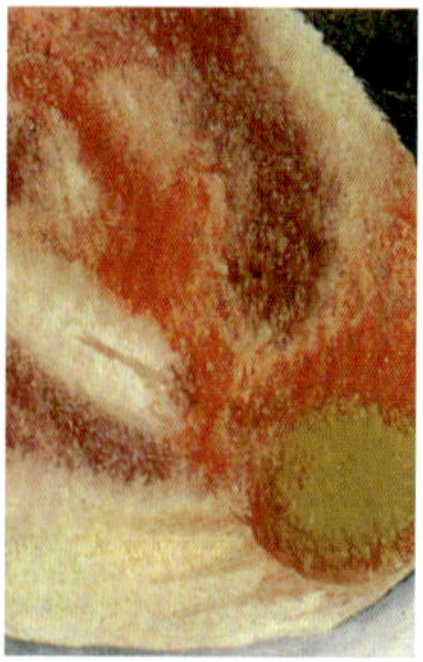

Los príncipes mercaderes y los matarifes de cerdos de la *Ciudad de los vientos* no querían saber nada sobre cualquier insinuación que enervara al populacho ni suscitara refunfuños entre la clase trabajadora aplastada por la depresión.

En público, Frida habló a la prensa:

"Los Rockefeller sabían muy bien que los murales iban a representar un punto de vista revolucionario, pues iban a ser pinturas revolucionarias... Siempre se mostraron tan amables, comprensivos e interesados, especialmente la señora Rockefeller".

Tunas (naturaleza muerta con peras espinosas)

1938
Óleo sobre electro-plata, 19.7 x 24.8 cm
Colección privada

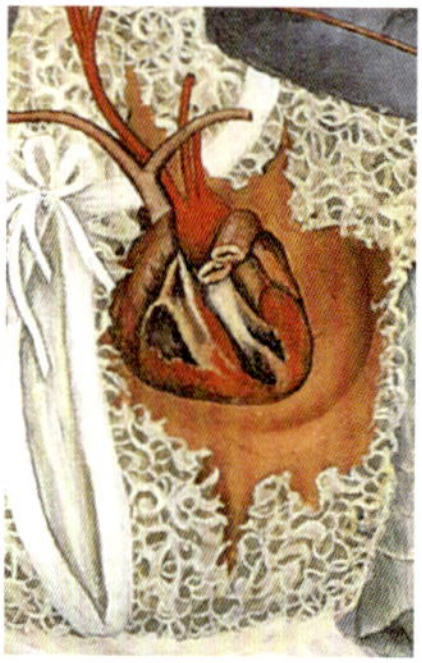

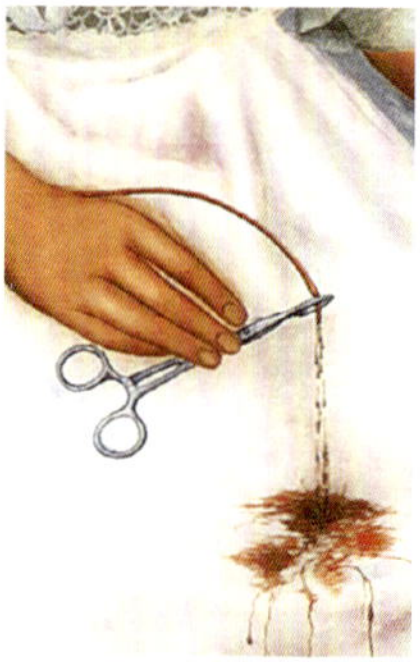

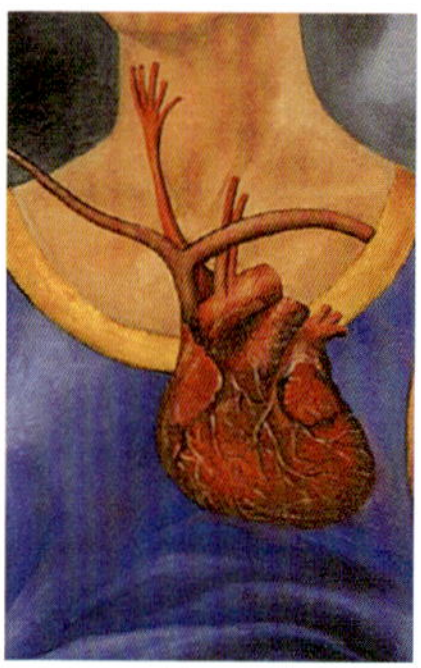

En sus cartas privadas y entre sus amigos más cercanos, Frida condenó a los hoscos americanos, a quienes tildó de cabrones, así como su actitud hipócrita. Pero, a pesar de los desconcertantes puñetazos sobre su obra, a Diego le gustaron Norteamérica, sus intelectuales y sus bohemios, quienes defendieron su pintura y su espíritu iconoclasta. También le gustó lo que su idolatría compraba en una sociedad que podía darse el lujo de financiarlo, pese a la aplastante depresión. Diego no quería volver a México.

Las dos Fridas

1939
Óleo sobre tela, 173.5 x 173 cm
Museo de Arte Moderno, ciudad de México

FRIDA KAHLO 1939

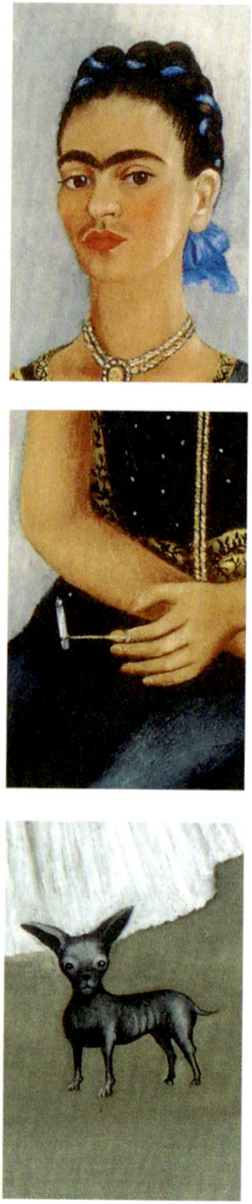

Frida no pensaba en nada más. Diego malgastó su dinero y de repente los Rivera se vieron en bancarrota, por lo que terminaron aceptando tiquetes de barco obsequiados por sus amigos. Partieron el 20 de diciembre de 1933 con los bolsillos vacíos hacia Veracruz, vía Cuba. Considerando que su relación estaba hecha jirones, ambos apreciaron tener sus propios espacios.

Frida se sumergió en un torrente de decoración. A lo largo de 1934, el estudio casi ni se usó excepto para terminar su pintura *Mi vestido cuelga allí* (página 73), empezado en Nueva York.

Perro Itzcuintli conmigo

1938
Óleo sobre tela, 71 x 52 cm
Museo Frida Kahlo, México

En la casa grande, Diego debió de sentir aún más la frustración de haber perdido sus encargos estadounidenses para pintar algunos murales. Antes de regresar a sus pinturas del Palacio Nacional en ciudad de México, empezó a hacer algunos bocetos de Cristina Kahlo, la hermana menor de Frida. Las dos hermanas habían sido siempre muy cercanas. Cristina era tan suave, dócil, femenina y delicada como Frida era afirmativa y agresiva con los hombres y con sus compinches. Cristina se había casado, pero su marido la abandonó, junto con sus dos niños.

Dos desnudos en el bosque o
la tierra o mi nana y yo

1939
Óleo sobre metal, 25 x 30.5 cm
Colección privada

FRIDA KAHLO. 1939.

Las dos mujeres se complementaban, pero Cristina se convirtió en la modelo favorita de Diego, con su cuerpo desnudo al estilo de Rubens irrumpiendo en el salón de honor de la Secretaría de Salud como las figuras "Conocimiento" y "Vida". No mucho tiempo después de regresar a México, Rivera empezó, o posiblemente intensificó, un nocivo romance con Cristina.

Frida supo que Diego estaba otra vez involucrado con alguien más, pero cuando ese "alguien" resultó ser su hermana Cristina, primero quedó aniquilada y, luego, furiosa.

Autorretrato con el cabello corto

1940
Óleo sobre tela, 40 x 28 cm
Museum of Modern Art, Nueva York
Donación de Edgar Kaufman Jr

Mira que si te quise, fué por el pelo,
Ahora que estás pelona, ya no te quiero.
1940. Frida Kahlo.

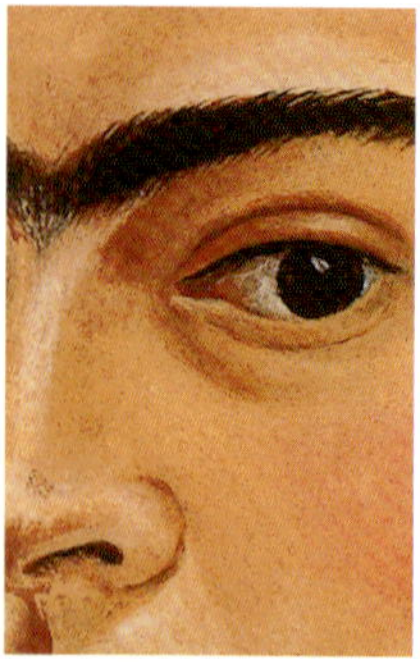

Había sido traicionada por las dos personas más cercanas. Se encerró bajo llave. En un ataque de cólera, se cortó sus largos cabellos. Por la misma época, en 1934, su salud tomó una espiral descendente. Severos dolores la enviaron al hospital a raíz de una apendicitis y, sobre el tercer mes de otro embarazo inesperado, abortó. Aparecieron heridas en su pie derecho que se abrieron e infectaron.

Autorretrato con mono

1940
Óleo sobre aglomerado, 55.2 x 43.5 cm
Colección privada, EE.UU.

A lo largo de sus escritos a sus confidentes y en su diario, Frida defendió continuamente los humores petulantes de Diego, sus aventuras amorosas, sus depresiones y sus pequeñas crueldades. Como parte de su naturaleza, Frida las racionalizó. Para su considerable deshonra, Diego no rompió su romance con Cristina una vez Frida los descubrió. Se fue a pintar un glamoroso retrato de la hermana más joven con sus dos niños en el mural del Palacio Nacional, oscureciendo parcialmente una desaliñada imagen de Frida.

El sueño o La cama

1940
Óleo sobre tela, 74 x 98.5 cm
Colección Isidore Ducasse, Francia

Frida Kahlo
1940.

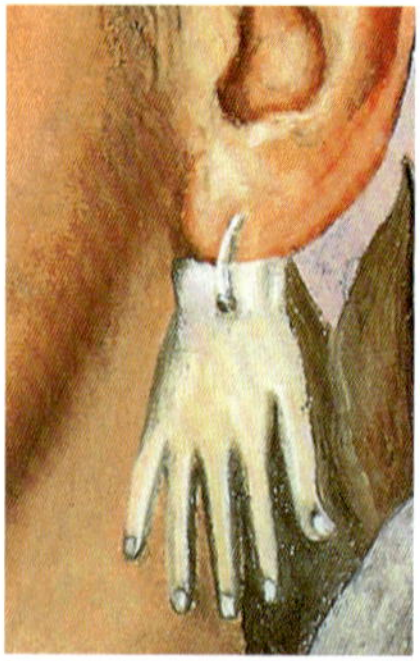

Todo este conflicto emocional hizo que la asolada Frida tuviera una muy pobre producción creativa. Pero en 1935, el dolor y el sufrimiento acumulados produjeron la más horripilante de sus pinturas sobre metal, tipo retablo. Pintó un asesinato y lo llamó *Unos cuantos piquetitos.*

El cadáver destrozado de una mujer reposa sobre un lecho ensangrentado. Evidentes heridas de puñal cubren todo su retorcido cuerpo desnudo. Sobre uno de sus pies usa un zapato negro, una media y una liga vistosa y arrugada en su tobillo.

Autorretrato dedicado al doctor Eloesser

1940
Óleo sobre aglomerado, 59.5 x 40 cm
Colección privada, EE.UU.

Pinté mi retrato en el año de 1940
para el Doctor Leo Eloesser, mi médico y
mi mejor amigo. Con todo mi cariño.
Frida Kahlo

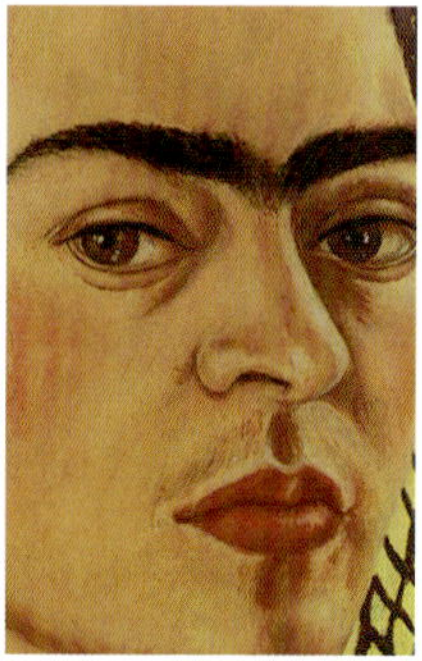

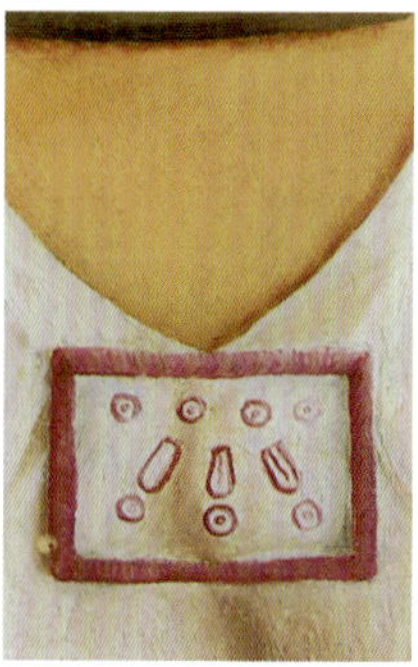

Sobre ella se yergue su sonriente asesino, que aún sostiene su cuchillo manchado con sangre coagulada. Un pendón flota sobre ambos, sostenido por una paloma blanca y una negra, símbolos del bien y del mal. Se lee, "unos cuantos piquetitos". Este asesinato realmente ocurrió y ocupó los titulares de los periódicos cuando Frida pintó este sangriento matadero, dejando que la sangre se regara a través del marco. Esas fueron las palabras indiferentes del asesino, una especie de imagen de Diego Rivera.

Autorretrato dedicado a Sigmund Firestone

1940
Óleo sobre aglomerado, 61 x 43 cm
Colección privada, EE.UU.

México. Coyoacán.
Para el Señor
Sigmund Firestone y
sus hijas Alberta y
Natalia pinté éste
autoretrato con todo
cariño, en Febrero de
1940. Frida Kahlo

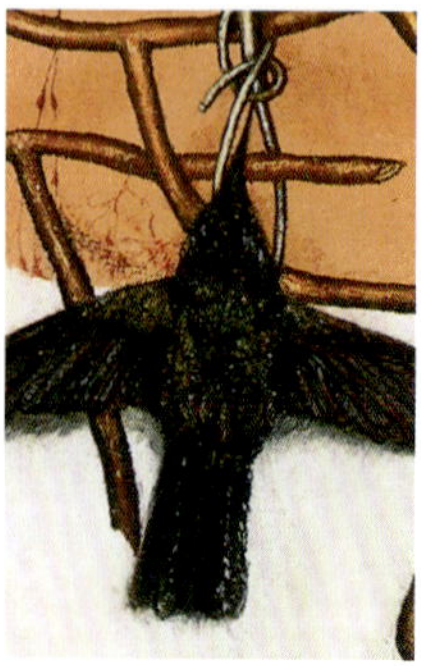

Una vez más, Frida puso al descubierto sus emociones a través de alegorías para limpiarse un poco la angustia.

Parecía empeñada en despojarse de su vida anterior, suprimiendo sus lazos con Rivera, cambiando su apariencia y continuando con su pintura. Empacó y se mudó desde la Casa Azul hasta ciudad de México, estableciéndose en el 432 de la avenida Insurgentes, en un pequeño pero bien equipado apartamento.

Autorretrato con collar espinoso

1940
Óleo sobre tela, 63.5 x 49.5 cm
Centro de Investigación de Humanidades, Universidad de Austin (Texas)

Frida Kahlo. 40.

El año fue propicio para renovarse, frecuentar viejos amigos y deshacerse de todos esos malos sentimientos acumulados desde su larga ausencia de México. Así como ocurrió con su corta vida, Frida Kahlo siempre estuvo en disputa consigo misma y tuvo propósitos encontrados. En su trabajo siempre le desagradaron los norteamericanos pero no dejó de aplicar lo que ese país le ofreció.

Yo y mis loras

1941
Óleo sobre tela, 82 x 62.8 cm
Colección privada

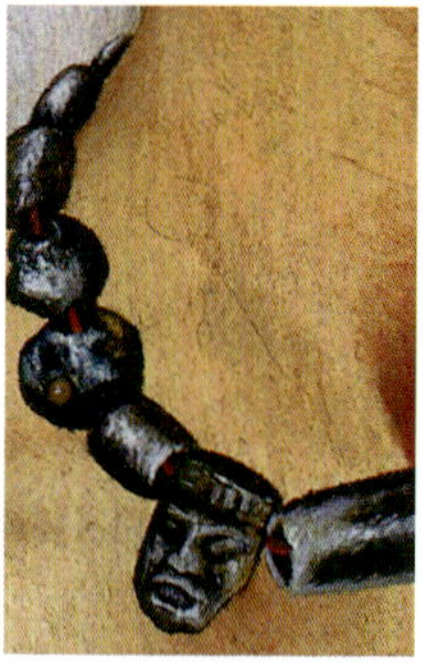

En la evolución de su vida personal y en su actitud ante la lujuriosa duplicidad de Rivera, lo vio casi todos los días.

Y él también. El 23 de julio de 1935, Frida le escribió a Diego:

"Todas estas cartas, líos con mujeres, profesoras de inglés, modelos gitanas, asistentes con buenas intenciones, emisarios plenipotenciarios de distintos lugares, sólo representan amoríos,

Autorretrato con trenza

1941

Óleo sobre aglomerado, 51 x 38.5 cm

Colección Jacques y Natasha Gelman, ciudad de México

Frida Kahlo

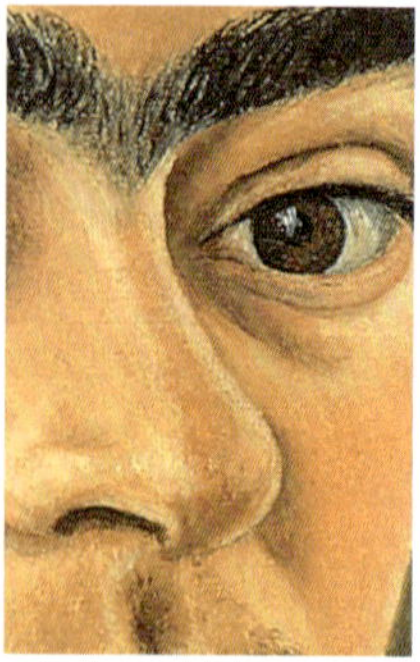

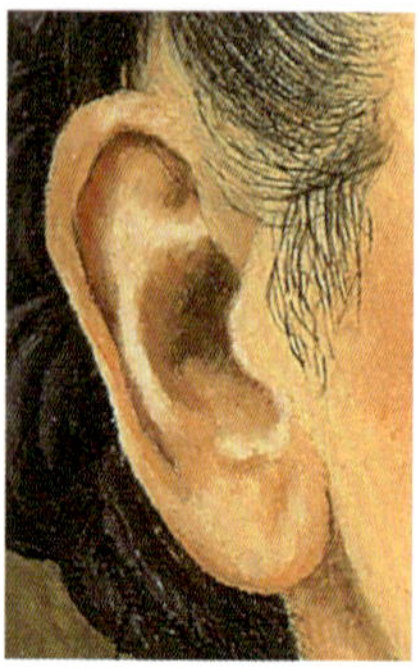

y al final tú y yo nos amamos entrañablemente, y de este modo a través de innumerables aventuras, portazos, insultos, imprecaciones, reclamos internacionales. Todavía nos amaremos por siempre".

Parecía que Frida y Diego tuvieron que sufrir el punto más bajo de su relación para aclarar las cosas de una vez por todas, según su acuerdo de "mutua independencia".

Autorretrato con vestido rojo y dorado

1941
Óleo sobre tela
Colección privada

Frida Kahlo. MCMXL
México.

Habría más crisis, pero con este entendimiento pudieron, por lo menos, avanzar en sus obras. No obstante, Frida agotó el resto de 1935 ejerciendo esa "mutua independencia" en una serie de romances con damas y caballeros. A Diego no le importaban sus romances con mujeres pero, aun para un macho mexicano "mutuamente independiente", se negó a compartir su mujer con otros amantes.

Canasta de flores

1941
Óleo sobre cobre, 64.5 cm de diámetro
Colección privada

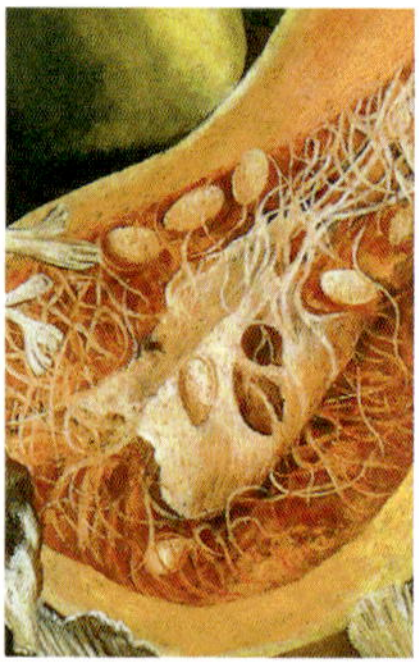

Durante los calurosos días del verano mexicano, Frida salía a hurtadillas de su apartamento para atender citas con hombres de su escogencia. El año de 1935 terminó con muy poca pintura y mucha búsqueda interior. Un solo autorretrato fue pintado en el que Frida nos mira desde abajo con una mueca infantil y el cabello rizado muy corto. Lo que sucedió a continuación fue el alcoholismo, más cirugías y León Trotski.

Naturaleza muerta

1942
Óleo sobre cobre, 63 cm de diámetro
Museo Frida Kahlo, ciudad de México

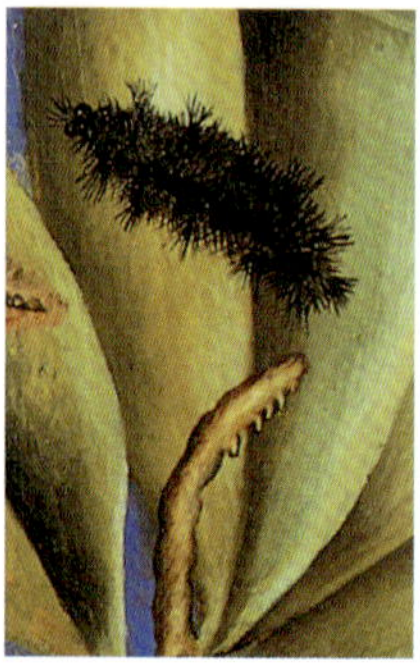

Durante y después del *romance* de Diego, su consumo de alcohol se incrementó precipitadamente y empezó a frecuentar cantinas en ciudad de México y pulquerías en los pueblos vecinos. Su recurrente mala salud la forzó a ingresar al Hospital americano Cowdray en ciudad de México para una nueva cirugía. Aunque parece difícil aceptarlo, considerando su estilo de vida tan activo y extenuante, Frida Kahlo sufrió todos los días de dolor y fatiga.

Autorretrato con Bonito

1942
Óleo sobre tela, 55 x 43.5 cm
Colección privada

Frida Kahlo. 41.

Había vuelto a pintar otra vez, estableció cierto equilibrio en sus relaciones con Diego y su hermana, y miró hacia delante tras un período de estabilidad en su estilo de vida favorable y bohemio.

Y entonces su vida fue arrojada al caos emocional. Después de haber sido maltratado con cargos inventados de actividades contrarevolucionarias, Trotski fue echado a puntapiés de Rusia en 1929.

Autorretrato con mono y loro

1942
Óleo sobre aglomerado, 54.6 x 43.2 cm
Colección privada

Frida Kahlo.
1942.

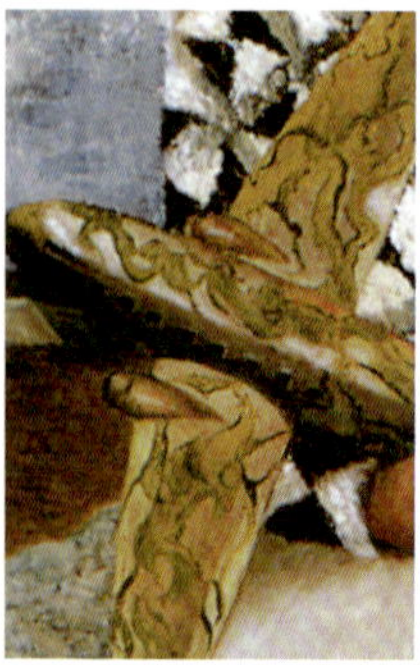

Trotski y su mujer vivieron por dos años en la Casa Azul, donde el viejo revolucionario escribió un torrente continuo de tratados antiestalinistas que se publicaron por todo el mundo. Sus costumbres del viejo mundo y sus advertencias contra la manera de fumar y beber de Frida, además de la profunda devoción de Diego por el ideólogo, lo convirtieron en el blanco perfecto para los considerables poderes de seducción de Frida, una nueva oportunidad de propinarle a Rivera "unos cuantos piquetitos" más por su romance con Cristina.

Retrato de Lucha María, una chica de Tehuacán (Sol y luna)

1942
Óleo sobre aglomerado, 54.6 x 43.1 cm
Colección privada

Frida Kahlo

Para encender la mecha, le hablaba a Trotski en inglés, un idioma desconocido por su esposa.

Y si Frida no se guardó el secreto de sus deseos, sus pinturas de 1937 reflejan su confianza y propósitos nuevos. El volumen de su obra aumentó, así como la variedad de sus temas. También pintó el único retrato formal de Diego Rivera.

La flor de la vida

1943
Óleo sobre aglomerado, 27.8 x 19.5 cm
Museo Dolores Olmedo Patiño, ciudad de México

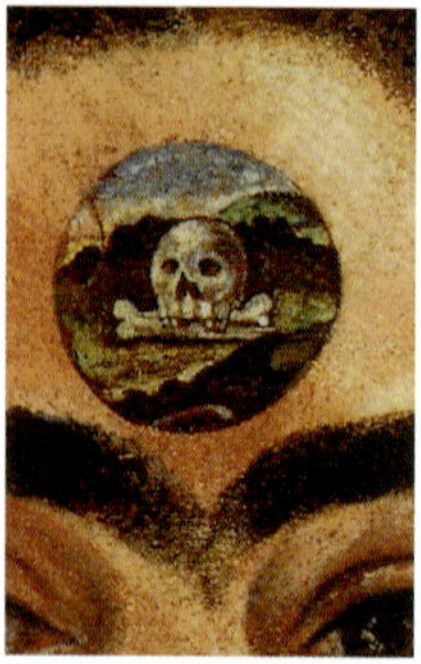

Aunque la propia obra de Rivera disminuyó, consagró de manera infatigable mucho de su tiempo a apoyar la confianza de Frida en sus propias capacidades. Su interpretación de la presencia disminuida de Diego fue tierna y compasiva. De otro lado, su acto de inhumana infidelidad con su hermana nunca estaría alejado de la paleta y los pinceles de Frida. En medio de esta explosión de arte, ser femenina fue importante para ella en la medida en que entró majestuosamente en su romance con León Trotski.

Pensando en la muerte

1943
Óleo sobre tela, montado en aglomerado, 44.5 x 36.3 cm
Museo Dolores Olmedo Patiño, ciudad de México

FRIDA
KAHLO

Dejar a Diego Rivera y a Natalia Trotski en la oscuridad fue crucial, pues ambos jugaban sus propios juegos. El retrato de cuerpo entero de Frida, *Entre las cortinas* (página 83), dedicado a Trotski ("para León Trotsky con todo mi amor, dedico esta pintura el 7 de noviembre de 1937"), no deja ninguna duda acerca de sus sentimientos. El hecho de que esté vestida con su más fino traje de noche color salmón, con un elaborado bordado blanco, y cubiertos los hombros con un rebozo café,

Girasoles

Diego Rivera, 1943
Óleo sobre tela
Colección privada

le confiere un peso adicional a la importancia de este regalo. Ante la insistencia de su séquito, temeroso por su seguridad y también por el romance que podría derivar en un escándalo, Trotski y su mujer dejaron la Casa Azul el 7 de julio y se trasladaron a una hacienda a ochenta kilómetros de ciudad de México. En 1940, un asesino del GPU, oculto en la última casa de Trotski en México, una especie de fortaleza, mató al "padre de la revolución" con un picador de hielo.

Raíces o El pedregal

1943
Óleo sobre metal, 30.5 x 49.9 cm
Colección privada, Houston (Texas)

FRIDA KAHLO 1943

Si su búsqueda de expresión como artista recorrió muchos caminos en 1937, la percepción de Frida sobre el valor económico de su obra empezó a atizarse durante los siguientes tres años.

La verdad sea dicha, Frida nunca fue una artista autosuficiente. Diego Rivera pagó sus cuentas médicas y mantuvo llenos los refrigeradores.

Autorretrato como una tehuana
o Diego en mi mente

1943
Óleo sobre aglomerado, 76 x 61 cm
Colección Jacques y Natasha Gelman, ciudad de México

Frida Kahlo

Con sus considerables gastos de salud, su pasión por las joyas y las chucherías, sus elaborados trajes y sus implementos artísticos, además de su creciente alcoholismo, Frida podría ser juzgada hoy en día como una mujer "costosa". Sin embargo, Frida Kahlo no fue una diletante. Muy versada en historia del arte, tuvo la oportunidad de apreciar personalmente obras de grandes artistas durante su temporada en los Estados Unidos. Sabía que su trabajo dependía de sus propios méritos y que era único en cuanto a sus temas y ejecución.

Vendedora de alcatraces (o cartuchos)

Diego Rivera, 1943
Óleo sobre tela
Colección privada

Pero las viejas inseguridades no desaparecen tan fácil. Siempre se le asignó el papel de la forastera, con los ojos de los gringos clavados en sus trajes mexicanos, favorecida y consentida por la prensa. En persona, su escudo y armadura fueron su gracia, sensualidad, dulce vulgaridad y bisexualidad que ella misma creó y habitó con aparente apetito. Sus miradas estoicas en las fotos y sus pinturas encubrieron con cierta transparencia sus muchas heridas psicológicas y los desaires que tuvo que soportar.

La novia asustada ante la vida abierta

1943
Óleo sobre tela, 63 x 81.5 cm
Colección Jacques y Natasha Gelman, ciudad de México

Frida Kahlo
pintó
1943.
La novia que se espanta de ver la vida abierta.

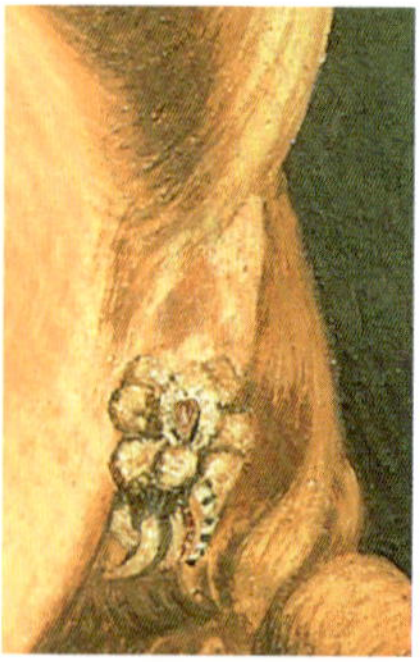

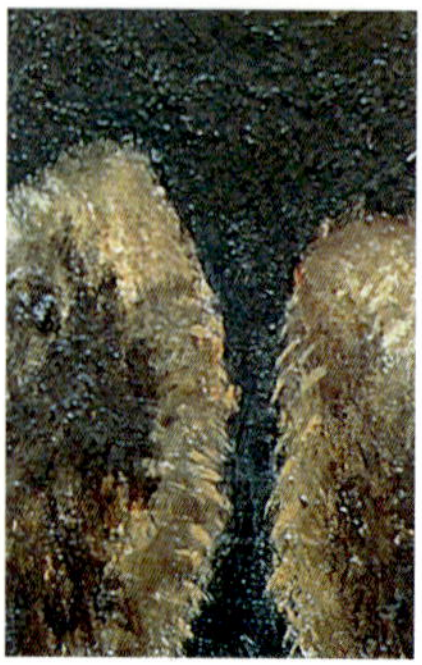

Pero si quiso reír de última, no tuvo más que poner sus secretos íntimos, sus cicatrices y su mitología personal al frente de la pública inquisición, y esperar a la lectura del veredicto.

En una exposición colectiva de arte mexicano celebrada en la Galería del Departamento de Acción Social de la Universidad de México, envió el cuadro *Mis abuelos, mis padres y yo* (página 79) y otras tres obras personales al "pequeño y corrompido lugar".

Retrato de la señora Natasha Gelman

Diego Rivera, 1943
Óleo sobre tela
Colección privada

Le confesó a Lucienne Bloch: "...las envié allí sin ningún entusiasmo, cuatro o cinco personas me dijeron que eran sensacionales". No estaba preparada para la carta que recibió poco tiempo después de que la exposición se cerró. Julien Levy, propietario de una galería en Manhattan, fue abordado por alguien que había visto la exhibición en la Universidad. Levy le pidió a Frida su consentimiento para exponer sus pinturas en su galería de la calle 55 Este.

Autorretrato con mono

1943
Óleo sobre tela, 81.5 x 63 cm
Colección Jacques y Natasha Gelman, ciudad de México

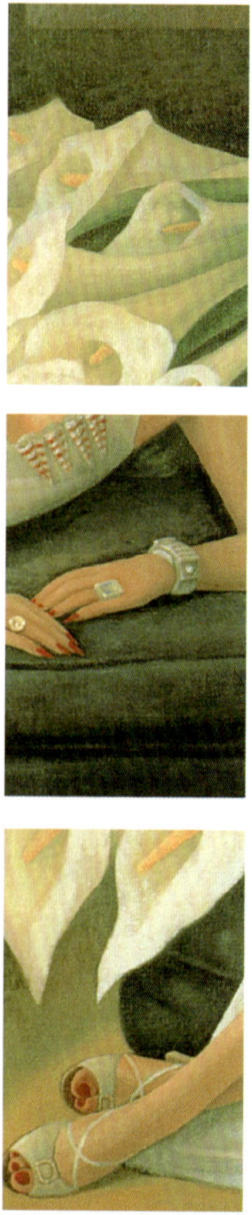

Le envió unas pocas fotos de sus cuadros. Levy respondió con una carta aún más entusiasta. ¿Podría enviarle treinta obras para octubre? Claro que podría, y empezó a mirar su obra de manera distinta, como sus creaciones personales colgadas en las paredes de una galería en la ciudad de Nueva York. Espoleada por la promesa de la exposición en Nueva York, la producción de Frida se elevó. En 1938, pintó *Lo que el agua me dio* (página 99),

Retrato de la señora Natasha Gelman

Diego Rivera, 1943
Óleo sobre tela
Colección privada

Cuatro habitantes de ciudad de México (página 89), *Niña con máscara de la muerte* (página 105) y una serie de naturalezas muertas. Los autorretratos de ese período incluyen el *Autorretrato enmarcado* o *El marco* (página 107), de un colorido salvaje y uno casi monocromático, *Perro Itzcuintli conmigo.* Esta serie de pinturas demuestra el amplio rango tanto de su selecta temática como de su paleta, y la mina de imaginería interna que fue capaz de invocar.

Ex voto

1943
Óleo sobre metal, 19.1 x 24.1 cm
Colección privada

382
Esposos guillermo Kahlo y Matilde C. de Kahlo Dan las gracias
a la Virgen de los Dolores por Haber Salvado
Su Niña Frida del accidente acaecido en 1925
en la Esquina de Cuahutemozin y Calzada de

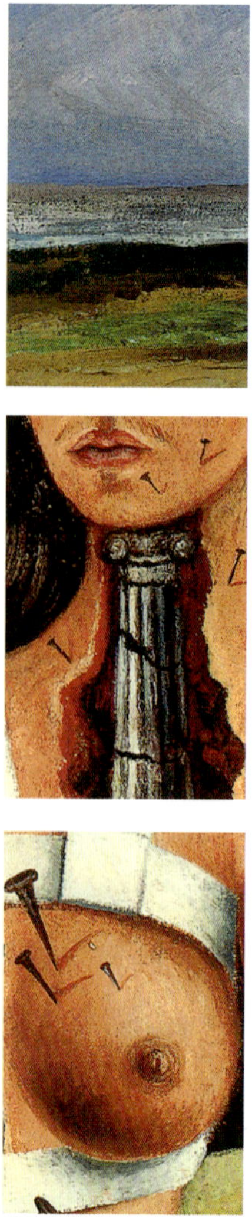

Respaldada con cartas de presentación de Diego al alto y arrogante mundo del arte de Nueva York, además de una lista de invitados representativos de los estratos más poderosos que había cultivado tiempo atrás en 1933, Frida se lanzó a la escena. De inmediato, fue la sensación. Los críticos cargaron y aguzaron sus plumas, pero regresaron encantados e impresionados. Aunque se movió a través de la atestada noche inaugural como la estrella de la exposición,

La columna rota

1944

Óleo sobre tela, montado en aglomerado, 40 x 30.7 cm
Museo Dolores Olmedo Patiño, ciudad de México

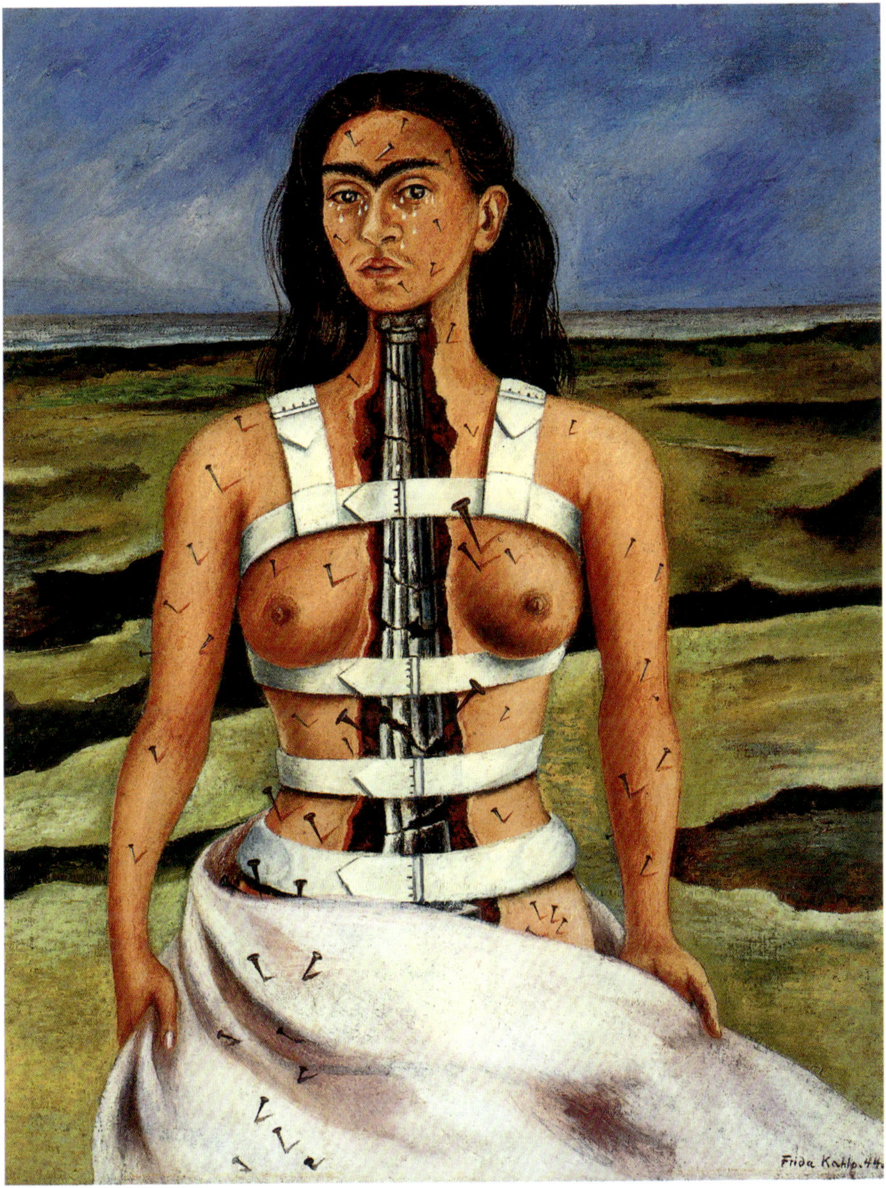
Frida Kahlo. 44.

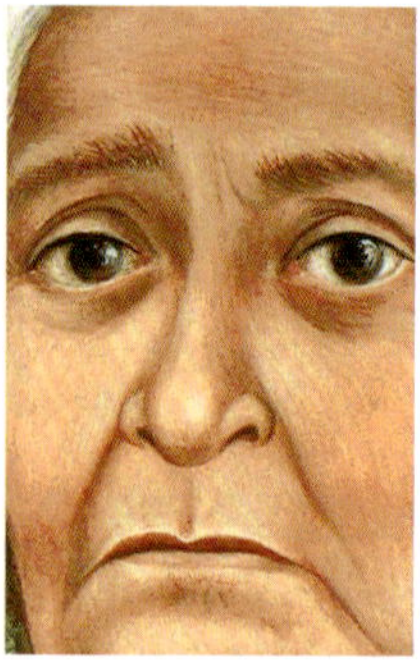
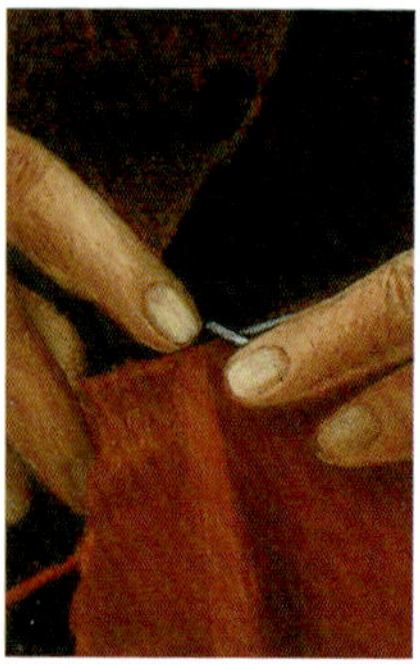

fue apenas obvio que el fantasma de Diego Rivera era tanto la tarjeta de presentación como la razón para que Nueva York le rindiera homenaje a su tercera esposa. Sin preocuparse, Frida atrajo la atención. En particular, disfrutó la distancia que la separaba de Diego y la libertad sin restricciones para flirtear con hombres y mujeres de su escogencia. Su exótica presencia, sus trajes, y su intrépida, desenfadada y casi hombruna agresividad le granjearon compañías a granel.

Retrato de doña Rosita Morillo

1944

Óleo sobre tela, montado en aglomerado, 76 x 60.5 cm

Museo Dolores Olmedo Patiño, ciudad de México

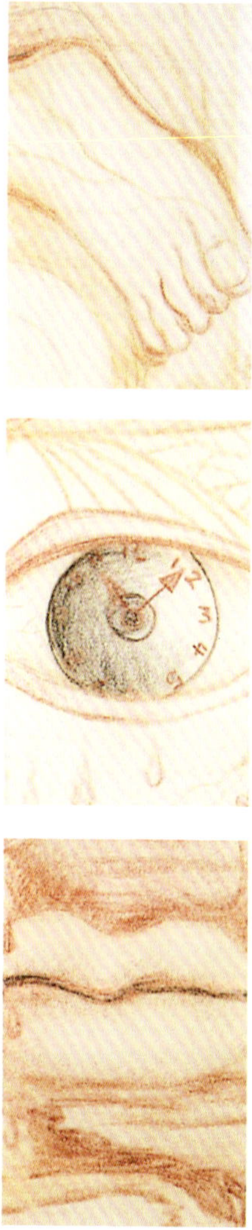

Se reunió con su viejo amorío, Isamu Nogushi, y se unió con el apuesto fotógrafo de modas, Nicolás Muray. Su patrocinador, Julien Levy, estaba también tras su ardiente búsqueda. Revoloteó a su alrededor como una solícita mariposa. Al final, Levy obtuvo su deseo cuando Frida entró a hurtadillas en su habitación. Muray tuvo mejor suerte. Había conocido a Frida en México y le había ayudado con el catálogo para su exposición.

Fantasía I

1944
Lápiz y sanguina sobre papel, 23.5 x 15.3 cm
Colección privada

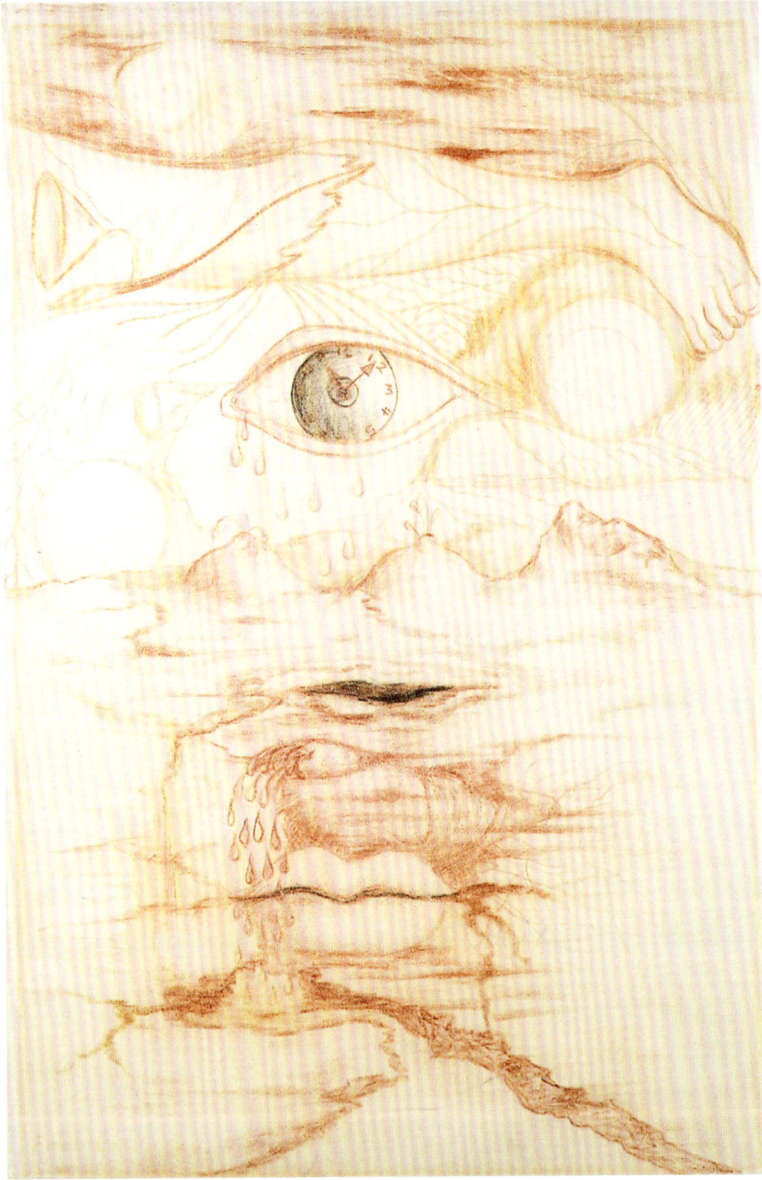

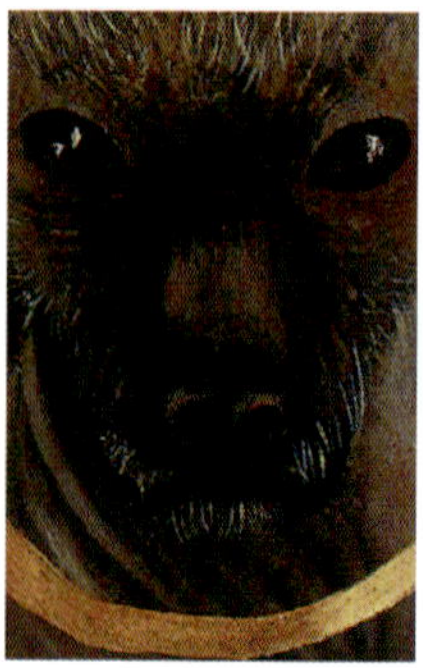

El famoso fotógrafo era bien parecido y seguro de sí mismo. Su romance había empezado en ciudad de México pero, sin la presencia de un Diego armado y pesado, se encendió en Nueva York y ella quedó prendada de él.

"Mi amante, mi dulcísimo Nick, mi vida, mi niño, te adoro". Los amantes del arte compraron cerca de la mitad de las pinturas ofrecidas en venta, lo que fue una buena primera salida, y Frida se las ingenió para obtener algunos encargos.

Autorretrato con mono

1945
Óleo sobre aglomerado, 60 x 42.5 cm
Museo Dolores Olmedo Patiño, ciudad de México

Frida Kahlo.
1945.

Al momento de cerrarse la exposición, Frida estaba exhausta. Su salud se había malogrado hacia el final de su estadía y empleó un tiempo considerable visitando médicos que le trataran su espalda, su columna vertebral, su pierna y su pie. Pero regresó a México buscando una nueva salida, esta vez dentro del bastión de los europeos, una exposición de su obra en París, organizada por André Breton. Como patrocinador de exposiciones, Breton fue un completo desastre.

Magnolias

1945
Óleo sobre aglomerado, 41 x 57 cm
Colección Balbina Azcárrago, ciudad de México

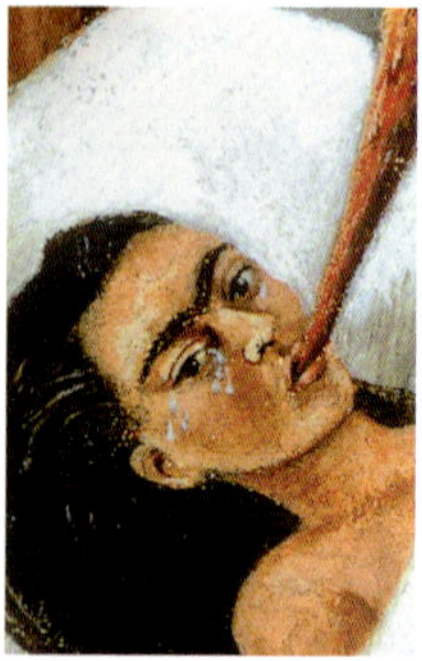

Frida encontró que sus pinturas todavía no habían sido reclamadas en la aduana y que no se había escogido ninguna galería para la exposición. Se puso furiosa. Para su beneficio, Frida quedó expuesta ante los surrealistas desde que fue admitida en su grupo. Max Ernst, Duchamp, Man Ray y Breton le dieron la bienvenida, y ella hizo lo que pudo para no parecer menos terrible que ellos. También se las arregló con un golpe de reconocimiento que había sido negado por su famoso marido.

Sin esperanza

1945

Óleo sobre tela, montado en aglomerado, 28 x 36 cm
Museo Dolores Olmedo Patiño, ciudad de México

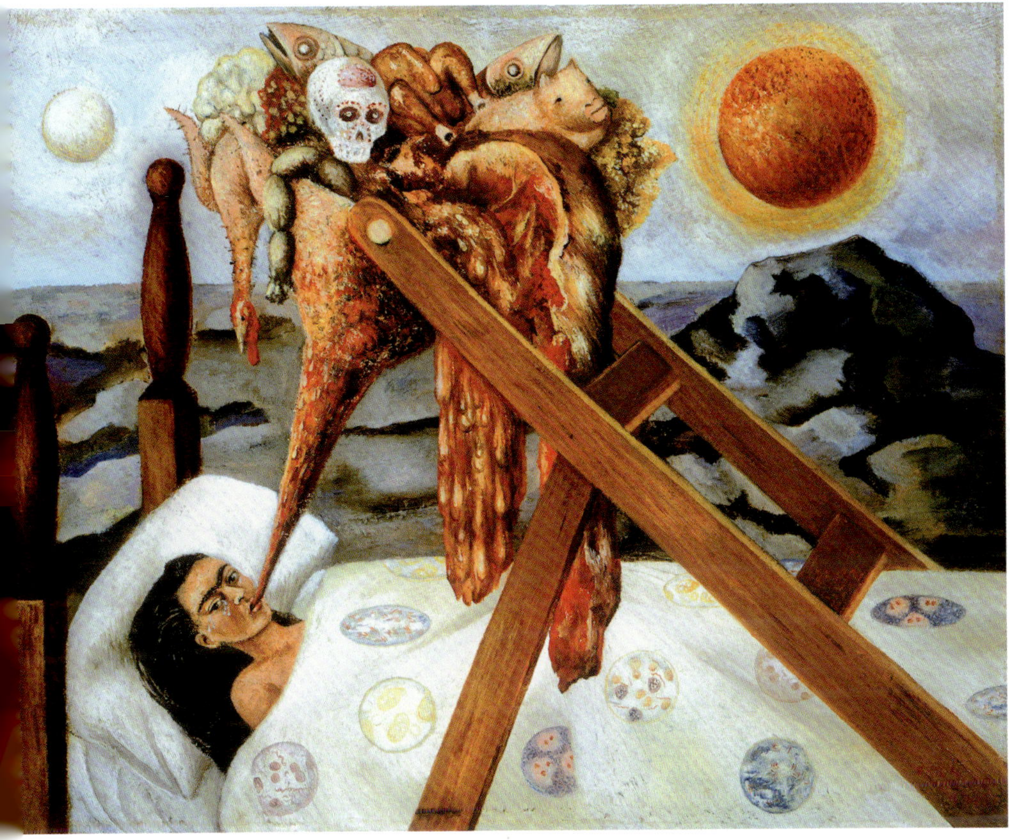

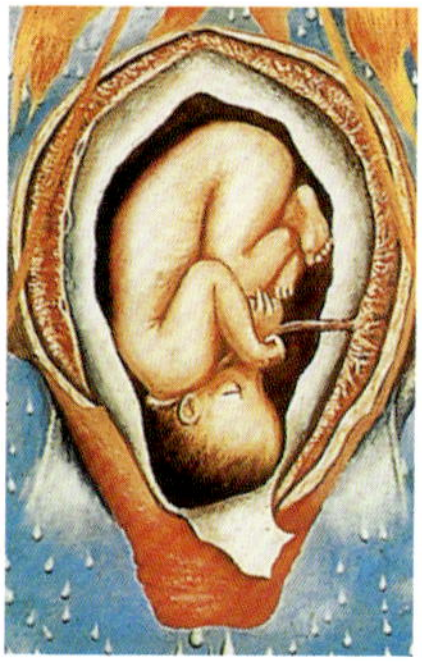

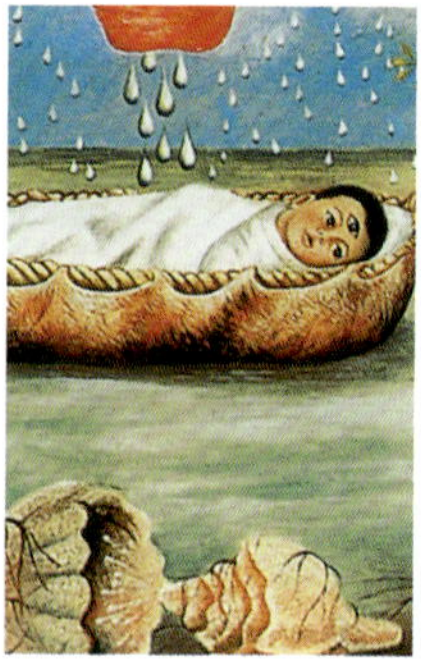

El Louvre compró *El marco* (página 107), que hoy en día es parte de la colección del Centro Pompidou. Desafortunadamente, esa pintura fue su única venta. Hacia marzo de 1939, Frida estaba saturada con la vida parisina del arte y empacó rumbo a Nueva York para estar un tiempo con Nick Muray. Así como aconteció con Nogushi, la separación había enfriado el amor de Muray y Frida descubrió que se había comprometido en matrimonio con otra mujer.

Moisés o El núcleo de la creación

1945
Aceite sobre fibra dura, 61 x 75.6 cm
Colección privada

La destrucción de este romance hirió a Frida de manera profunda y le mostró cuán atrapada estaba en su relación con Rivera. Su vida se había abierto hacia una nueva independencia con todas las posibilidades que sucedieron a sus viajes al exterior y a sus exposiciones. Un Nogushi o un Muray pudieron haberle abierto aun más puertas, pero así como ella se lanzó a su suerte con Rivera a tan temprana edad, ambos fueron vistos como los dos lados de la misma moneda.

El polluelo

1945
Óleo sobre aglomerado, 27 x 22 cm
Museo Dolores Olmedo Patiño, ciudad de México

FRIDA KAHLO

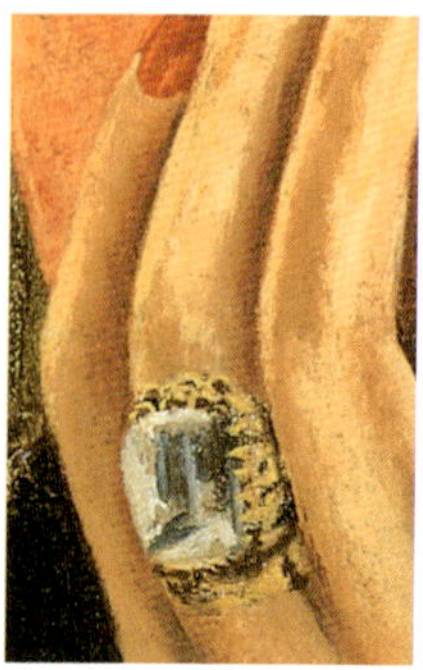

Regresó a México en mayo de 1939 y en la medida en que su relación con Rivera se había deteriorado, vertió sus emociones y frustración en la pintura. Los hombres en su vida le produjeron un gran perjuicio del que nunca se recuperaría por completo. Necesitaba un acto final que fuera al mismo tiempo simbólico y real. Sus relaciones sexuales habían terminado. La civilidad había cesado. Las diversiones y aventuras tocaron a su fin.

La máscara

1945
Óleo sobre tela, 40 x 30.5 cm
Museo Dolores Olmedo Patiño, ciudad de México

Todo lo que quedó fueron obligaciones que Diego y Frida aceptaron como parte de un acuerdo no pronunciado, el hilo de una relación que ninguna legalidad podría romper. Es posible que Diego haya escuchado del romance de Frida con Trostki. Las razones de ella eran obvias y humillantes. Se divorciaron formalmente el 6 de noviembre de 1939. Una segunda pintura se convirtió en una de sus obras maestras, *Las dos Fridas* (página 115).

Página de su diario (1946-1954), mostrando el conflicto personal de la artista en Luna, Sol, ¿Yo?

Acuarela sobre papel
Colección privada

LUNA
SOL
YO?

Un espejo había jugado por mucho tiempo un papel central en sus pinturas, al principio por la necesidad derivada de su estado de confinamiento a su cama.

Luego, el espejo se volvió una reflexión de la realidad que podía manipularse y trasladarse a una visión de la fantasía de su verdad más personal. En *Las dos Fridas* la dualidad del espejo se convierte en una visualización esquizofrénica de su propio dilema personal,

Árbol de la esperanza, mantente firme

1946
Óleo sobre aglomerado, 55.9 x 40.6 cm
Colección Isidore Ducasse, Francia

ARBOL DE LA
ESPERANZA
MANTENTE
FIRME.
FRIDA
KAHLO

la europea vestida de blanco con encajes y apliques, tan apropiados para una casta chica católica y la mujer mexicana de piel oscura y vestido vistoso, la campesina mundana animada por Diego Rivera. El decenio de 1940 trajo para Frida un tropel de contradicciones. Legalmente, había deshecho sus lazos con Diego Rivera, pero en términos financieros su vida estaba atada a él a través de un complejo arreglo bancario en el que sus gastos se pagaban con las ventas de las obras de éste.

El ciervo herido (El cervatillo)

1946
Óleo sobre aglomerado, 22.4 x 30 cm
Colección privada, Houston (Texas)

Con su vida inmersa en este torbellino de contradicciones, con su arte presionó hacia delante de manera obstinada. Frida imaginó que su propia estima sólo podría sobrevivir a través del éxito de sus pinturas en lo que quedaba del arte por fuera de la distracción de la guerra mundial.

Una vez más, Diego intervino en su estilo de vida autodestructivo y consultó a su mutuo amigo, el doctor Eloesser, en San Francisco.

Sin título (dibujo con tema inspirado en la filosofía oriental)

1946
Tinta sepia sobre papel, 18 x 26.7 cm
Colección privada

RIDA KAHLO

El médico sugirió que fuera a Estados Unidos. Frida pasó tres meses con un aparato de tracción conectado a su barbilla y aceptó la invitación de su viejo amigo. Llegó a San Francisco en septiembre de 1940. De inmediato, Eloesser la comprometió en una cura de descanso y diversas terapias en el Hospital de San Lucas para combatir su agotamiento y alcoholismo.

Sin título (dibujo con tema de cataclismo)

1946
Tinta sepia sobre papel, 18 x 26.7 cm
Colección privada

Frida Kahlo

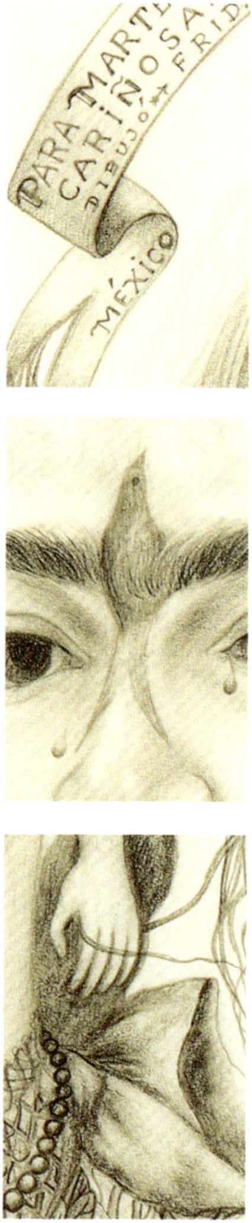

También contactó a Diego y le explicó que los salvajes diagnósticos de los médicos mexicanos, tales como tuberculosis en los huesos y la necesidad de una cirugía en la espina dorsal eran falsas, pues lo que Frida necesitaba era tener a "su panzón" a su lado durante su recuperación. Mientras la tuvo bajo sus cuidados, el doctor estuvo resuelto a propiciar la reconciliación entre estos dos artistas quienes de manera miserable se habían autoimpuesto una separación.

Autorretrato dedicado a Marte R. Gómez

1946

Lápiz sobre papel, 38.5 x 32.5 cm

Colección privada

PARA MARTE R. GOMEZ,
CARIÑOSAMENTE,
DIBUJÓ FRIDA KAHLO
DIC. 1946.
MÉXICO
FRIDA
KAHLO

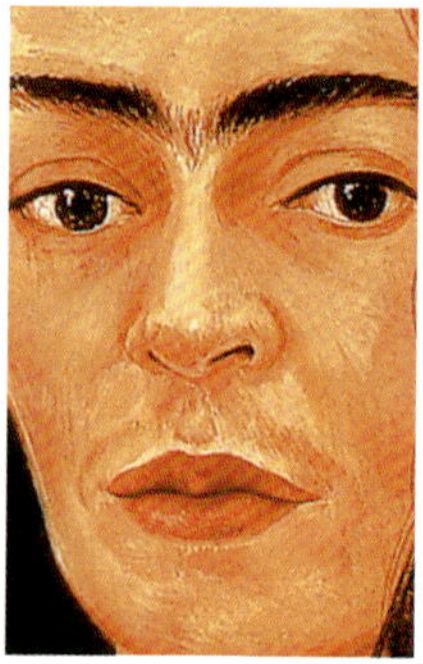

"No sexo" y "No plata", fueron las dos estipulaciones de Frida para hacer que el nuevo matrimonio funcionase. Ella no tenía la intención de compartir la sexualidad de Diego con cualquier otra mujer e insistió en atender su propia vida financiera y en pagar la mitad de los gastos domésticos. Diego estaba complacido con lo anterior y mantuvo la ficción mutuamente aceptada de lo último. El 8 de diciembre de 1940 se volvieron a casar en una ceremonia civil.

Autorretrato con el cabello suelto

1947
Óleo sobre fibra dura, 61 x 45 cm
Colección privada

Aqui me pinté yo, Frida Kahlo, con
la imágen del espejo. Tengo 37años,
y es el mes de Julio de mil novecientos
cuarenta y siete. En Coyoacán, México,
lugar donde nací.

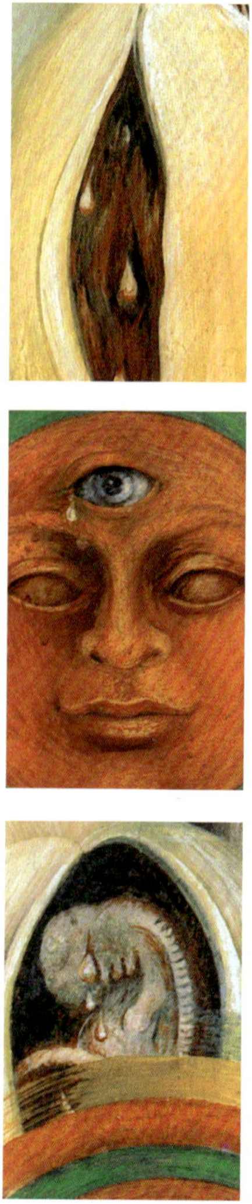

La fortuna de Frida estuvo otra vez en ascenso. Se encontró con Diego en la Exposición Internacional del *Golden Gate*, donde él pintó un mural en la isla del tesoro. Ambos pasaron Navidad en México con la familia de Frida y Diego regresó a terminar el mural. Mientras él estuvo fuera, Frida vivió un período de relativa buena salud, haciendo compras en Coyoacán y en ciudad de México, asoleándose en el jardín o arreglando el cuarto de Diego para cuando volviera.

Sol y vida

1947
Óleo sobre fibra dura, 40 x 50 cm
Galería Arvil, ciudad de México

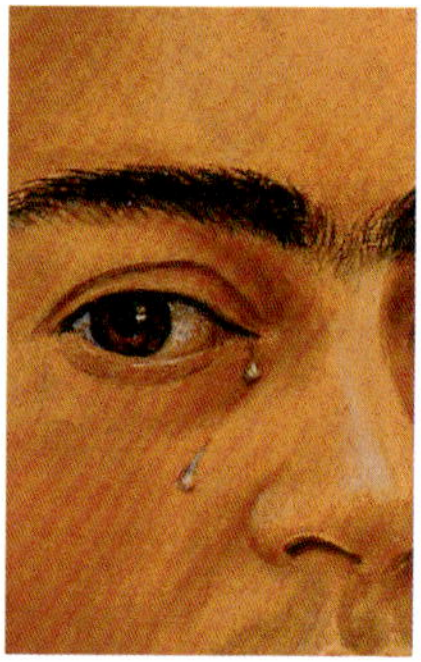

Así como su vida se resolvió otra vez en un modelo confortable, el calor del verano le produjo un nuevo empeoramiento de su salud, más debilidad y pérdida de peso. En julio, murió su padre Wilhelm Kahlo. El escuadrón de médicos de Frida seguía a la retaguardia en su vida con nuevos corsés de yeso para su espalda, rayos X, inyecciones de hormonas, remedios para el hongo que infectó su mano derecha, pastillas y tratamientos para la angina y el resfriado.

Autorretrato

1948
Óleo sobre aglomerado, 50 x 39.5 cm
Colección privada, ciudad de México

Frida Kahlo.
1948.

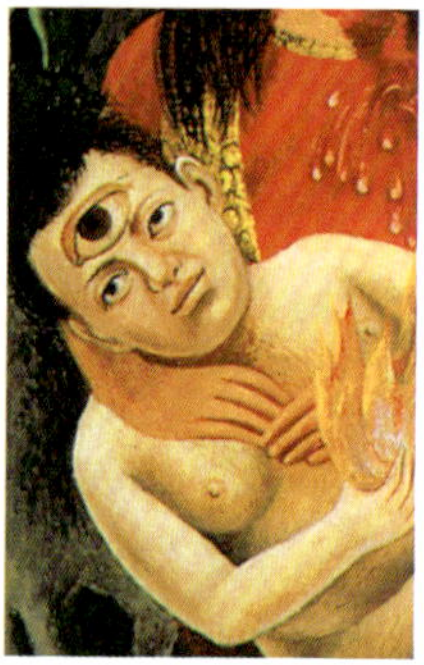

Fumaba demasiado y todavía se tomaba unas copitas con las comidas. En 1943, empezó a enseñar en la Escuela Experimental de Pintura y Escultura de la calle Esmeralda, distrito de Guerrero. Como la Escuela Preparatoria Nacional a la que asistió, este colegio de secundaria ofrecía cursos libres de pintura y dibujo así como también francés, historia del arte, arte mexicano y cultura.

El amor abraza al universo, la tierra (México), yo, Diego y el señor Xólotl

1949
Óleo sobre tela, 70 x 60.5 cm
Colección privada, ciudad de México

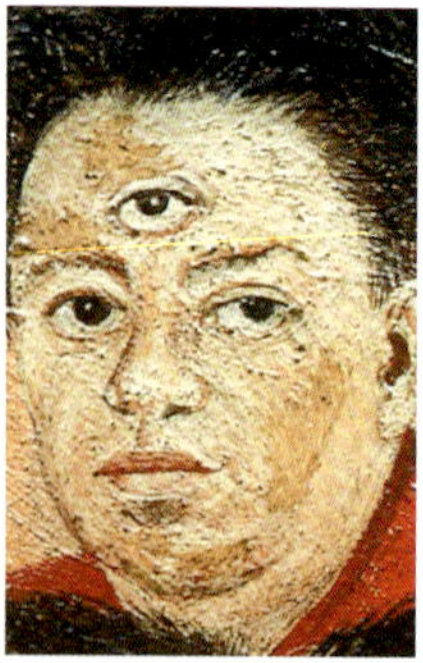

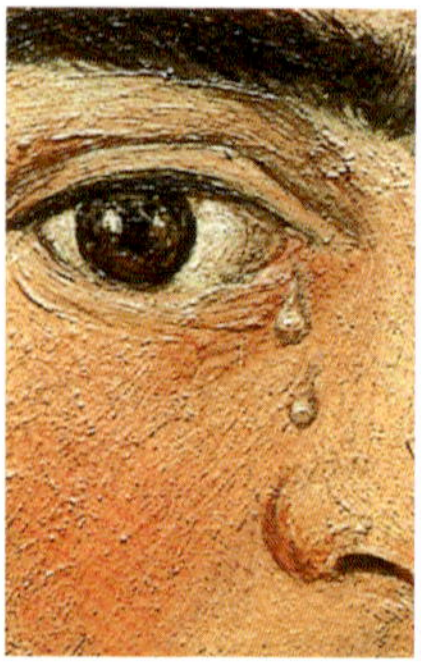

Así como ocurrió en su propia educación bohemia diseñada por ella misma, Frida llevó a sus estudiantes más allá de los muros de la escuela hasta las mismas calles, para observar y experimentar la vida en sus obras. Su salud la obligó a seguir impartiendo sus clases de dibujo y pintura en la Casa Azul. Le encantaba este oficio y sus alumnos la adoraban; ellos se hacían llamar Los Fridos.

Diego y yo

1949
Óleo sobre tela, montado en aglomerado, 29.5 x 22.4 cm
Colección privada, Nueva York

México
Frida Kahlo
1949.
Diego y yo

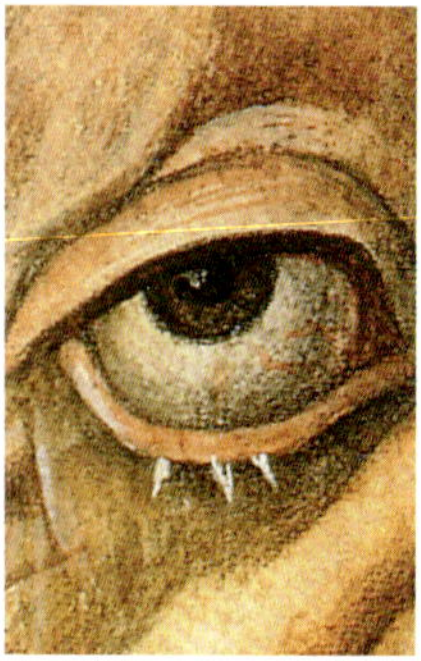

Para seguir generando ingresos, Frida aceptó el encargo de pintar retratos de políticos locales, amigos y mecenas. Sus autorretratos persistieron en la medida en que el cuerpo se canibalizaba consigo mismo hacia su eventual destrucción, y su mente soportó la metamorfosis desde su juvenil anticipación hasta la temprana comprensión de que la fantasía de una vida sin las diarias puñaladas del dolor físico era una falsa esperanza.

Autorretrato

Diego Rivera, 1949
Óleo sobre tela, 31 x 26.5 cm
Colección privada, Houston (Texas)

Diego Rivera

En efecto, Frida creó su propia exhibición de autorretratos que, con el tiempo, produjo un documental visual que manifestaba la corrupción día a día de su mundo físico y mental, tras una máscara que nunca se quejó o gritó. Todos los días agregaba una pincelada a su propio e imperturbable monumento. La espiral descendente de su salud mantuvo ocupados a una bandada de médicos.

El cielo, la tierra, Diego y yo

1949
Página del diario de Frida Kahlo, lápiz y tinta sobre papel, 23.5 x 14.5 cm
Colección Estudio y Casa Diego Rivera y Frida Kahlo, ciudad de México

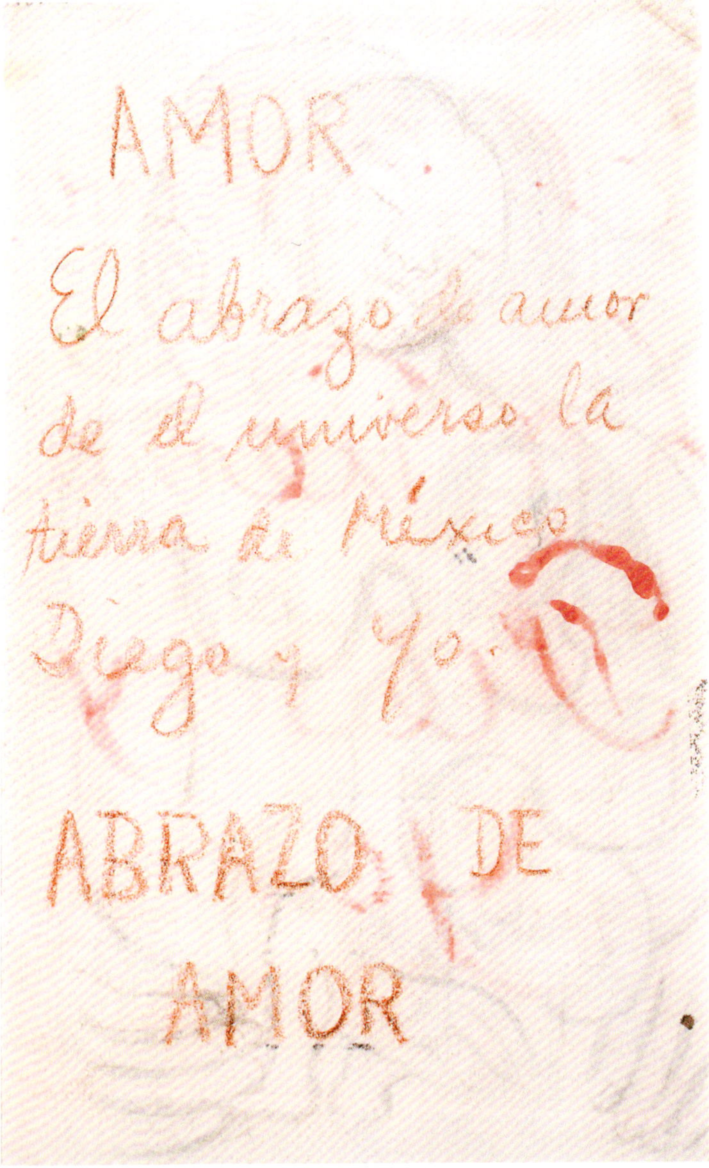
AMOR
El abrazo de amor
de el universo la
tierra de México
Diego y yo.
ABRAZO DE
AMOR

El dolor en su pie derecho se tornó prácticamente constante y la necesidad de un permanente desahogo, sin una tregua con drogas que desmejorara su habilidad para pintar, se convirtió en una búsqueda incesante.

El doctor Alejandro Zimbrón decidió que un corsé de acero le aliviaría el dolor y le daría apoyo a su espalda. Con él puesto, empezó a desmayarse y perdió casi siete kilos en seis meses. Y el dolor seguía allí.

Naturaleza muerta: viva la vida

c. 1951-1954
Óleo y tierra sobre aglomerado, 52 x 72 cm
Museo Frida Kahlo, ciudad de México

VIVA LA VIDA
Frida Kahlo.
COYOACÁN 1954 México

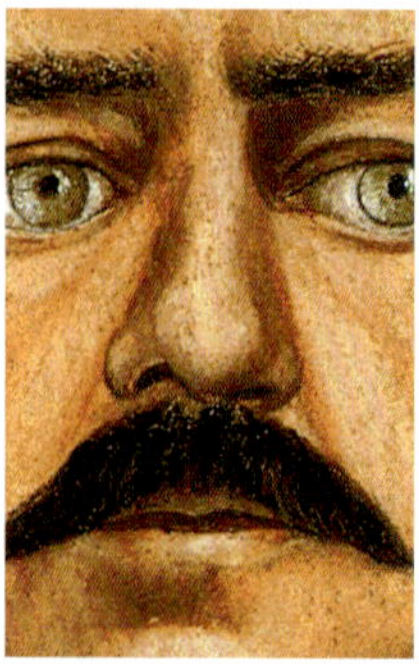

Zimbrón adicionó al tratamiento inyecciones a la columna vertebral. Frida vivió angustiosos dolores de cabeza. Un año más tarde, en 1945, el doctor Ramírez Moreno diagnosticó sífilis y empezó a hacerle transfusiones de sangre.

El dolor continuó y la sífilis nunca fue comprobada. Zimbrón trató de nuevo con un aparato de tracción que le puso la cara hacia abajo, suspendida por su barbilla desde el cielorraso, para aliviar la tensión en su columna vertebral.

Retrato de mi padre

1951
Óleo sobre aglomerado, 60.5 x 46.5 cm
Museo Frida Kahlo, ciudad de México

Pinte a mi padre Wilhelm Kahlo de origen húngaro alemán artista fotógrafo de
Profesión, de carácter generoso inteligente y fino valiente porque padeció durante
sesenta años epilepcia, pero jamás dejó de trabajar y luchó contra Hitler,
con adoración, Su hija
Frida Kahlo

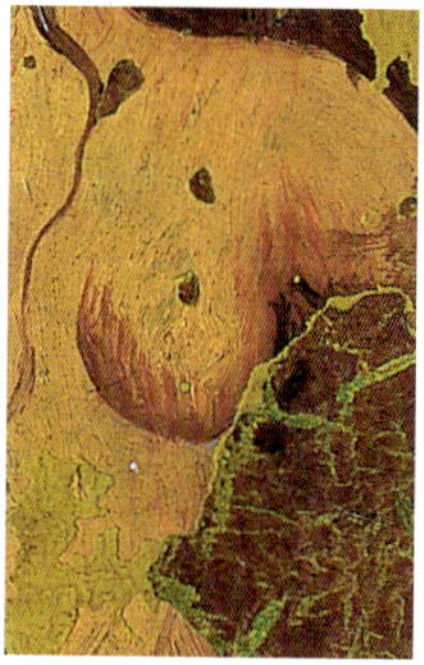

Con bolsas de arena atadas a sus pies, estuvo colgada durante tres meses, pintando por lo menos una hora al día. Mientras pendía del techo, otros médicos concibieron una variedad de corsés hechos de yeso, acero y cuero, además de uno aplicado por un doctor inexperto que no sólo no la alivió sino que casi la asfixia antes de que se lo hubieran quitado de manera desesperada. Frida tuvo veintiocho corsés atados a su torso durante sus últimos diez años de vida.

El círculo

1951

Óleo sobre aluminio montado sobre madera, 15 cm de diámetro, marco en madera: 32 x 31 cm

Museo Dolores Olmedo Patiño, ciudad de México

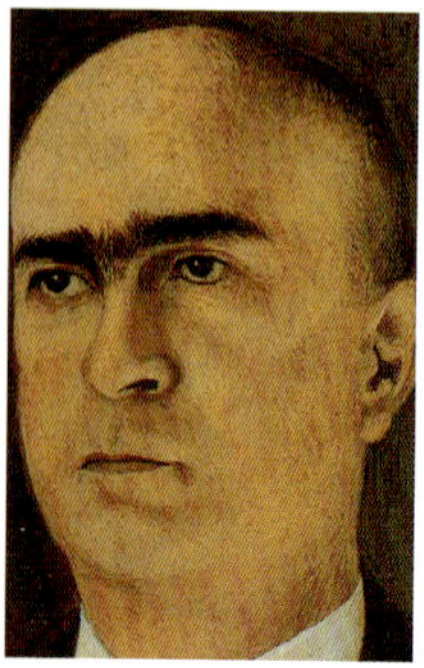

Los dedos de su pie derecho contrajeron gangrena y requirieron de una amputación, aunque se separaron por sí solos. La mayoría de las curaciones sólo exacerbaban el dolor y ahondaban su adicción a los narcóticos, que no iban bien con la botella de brandy que se bebía casi a diario. En 1946, viajó a Nueva York para una cirugía mayor.

Autorretrato con el retrato del doctor Farill

1951
Óleo sobre aglomerado, 41.5 x 50 cm
Colección privada

El doctor Philip Wilson, especialista en la espalda, había sugerido fusionar algunas de sus vértebras y fijarlas en su sitio con una varilla de acero. Frida escribió:

"Angustia y dolor, placer y muerte, no son más que un proceso".

En 1950, un injerto de hueso de un trozo de su pelvis siguió a la fallida fusión y fue igualmente un fracaso. Y un brote fúngico volvió a aparecer sobre su mano.

Lágrimas de coco (coco lloroso)

1951
Óleo sobre aglomerado, 23.2 x 30.5 cm
Colección privada

PINTÓ CON TODO
CARIÑO, FRIDA KAHLO

Se descubrió un absceso debajo de uno de sus corsés, resultado de una herida quirúrgica que no cicatrizó de manera adecuada. Pasó todo ese año en cama. Durante su estadía, Diego ocupó el cuarto contiguo e hizo todo cuanto pudo por mantenerla animada.

Para ese entonces, Rivera era parte de un mito envejecido, del movimiento muralista mexicano que empezó en 1922. Aunque seguía siendo popular, su leyenda pertenecía al pasado, en tanto que la de Frida Kahlo estaba en ascenso.

Cocos (Miradas)

1951
Óleo sobre aglomerado, 25.4 x 34.6 cm
Colección privada

da Kahlo 51.

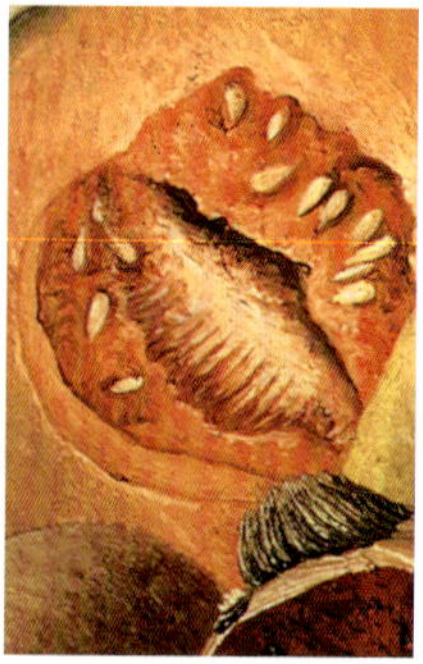

Su obra había aparecido en numerosas exposiciones colectivas alrededor del mundo y se había hecho acreedora a precios decorosos por parte de un número creciente de coleccionistas. Diego estaba muy orgulloso del éxito de Frida y aprovechó cada oportunidad para hacer gala y elogio de sus talentos. Esto no le impidió seguir con sus romances ni ahorrarle a Frida las abusivas órdenes médicas. En 1951 terminó su año de hospitalización para quedar confinada a una silla de ruedas.

Naturaleza muerta con loro y bandera

1951
Óleo sobre aglomerado, 28 x 40 cm
Colección privada

Por esa época debió haber sentido que no le quedaba mucho tiempo. Así como ocurre con muchas personas que se enfrentan a la muerte, quiso volver a su única religión: Frida se reincorporó al Partido Comunista. Aun en su silla de ruedas, pudo ofrecer su voz recuperada cantando *La Internacional* y levantar su puño en solidaridad con sus camaradas. Su lealtad a México fue finalmente exaltada en abril de 1953 cuando su amiga, Dolores Álvarez Bravo,

Naturaleza viva

1952
Óleo sobre tela
Colección María Félix, ciudad de México

NATURALEZA VIVA

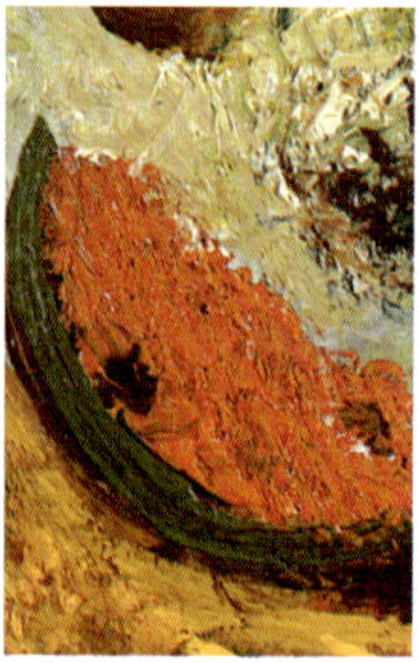

dedicó su Galería de Arte Contemporáneo a una exposición de una sola artista, la obra de Frida Kahlo. Esta fue la única exhibición de Frida en México durante su vida. Al momento de la inauguración, su cuerpo estaba recuperándose de un ataque de bronquitis mientras estaba confinada en su cama. Acostada en su lecho fue escoltada hasta la galería con sirenas de la policía.

Congreso de los pueblos por la paz

1952
Óleo y témpera sobre aglomerado, 19.1 x 25.1 cm
Colección privada

CONGRESO DE LOS
PUEBLOS POR LA PAZ
FRIDA KAHLO. OCT. 52

Una vez allí, muy tranquila, hizo parte de la exposición, sonriendo desde su lecho a los rostros bien intencionados de su pasado y a aquellos testigos familiares silenciosos que miraban desde las paredes. En la medida en que 1953 tocaba a su fin, continuó pintando, aunque su pincelada volvió a un estilo más primitivo, como aquel de sus años de aprendizaje en el decenio de 1920. Pareció derrumbarse después de la amputación de su pierna derecha, pues había contraído gangrena.

Naturaleza muerta dedicada a Samuel Fastlicht, "pintada con todo mi amor"

1952
Óleo sobre tela montado en madera, 25.8 x 44 cm
Colección privada

PARA SAMUEL FASTLICHT
PINTÓ CON TODO AMOR
FRIDA KAHLO. EN LA
CIUDAD DE PUEBLA. 1952.

Desde su escaramuza con la polio a la edad de trece años, esa pierna se había convertido en una caña seca. El accidente de tránsito la rompió en once partes.

La había arrastrado con ella por más de treinta años y en todas sus pinturas de ese miembro traicionero usó el reflejo de un espejo pues siempre la representó como su pierna izquierda. Ahora, había sido cercenada debajo de la rodilla.

Octubre

1952
Lápices de color sobre papel, 22 x 29 cm
Colección privada, Panamá

STALIN
MARX
ENGELS
LENIN
DIEGO
FRIDA
FRIDA
JUDY
MAO
Puebla de los Angeles — Octubre 13 de 1952
FRIDA

Frida aceptó a regañadientes una pierna de madera, pero estaba demasiado débil para sacar provecho de esa prótesis. Su adicción a los calmantes y su dependencia al alcohol también contribuyeron a que su conveniencia fuera más peligrosa que útil. A pesar de las inyecciones diarias que le dejaban la espalda y los brazos cubiertos de costras, tuvo largos períodos de lucidez, haciendo apuntes en su diario y trabajando en una autobiografía hasta 1953.

Pinté de 1916

Primera ilustración en el diario que Frida guardó entre 1946-1954
Museo Frida Kahlo, ciudad de México

PINT DE 1916

Su última pintura, *Viva la vida*, representa un grupo de sandías cortadas, con esa frase inscrita en la pulpa de una de ellas. Participó en un mitin comunista el 2 de julio de 1954, agitando su puño y cantando con la multitud. Diez días más tarde, en el momento en que Diego se sentó a su lado y sostuvo su mano, Frida le entregó una argolla de plata en conmemoración de su aniversario matrimonial número veinticinco, ocurrido diecisiete días atrás.

Página del diario de Frida Kahlo

1953
Guacha sobre papel
Colección privada

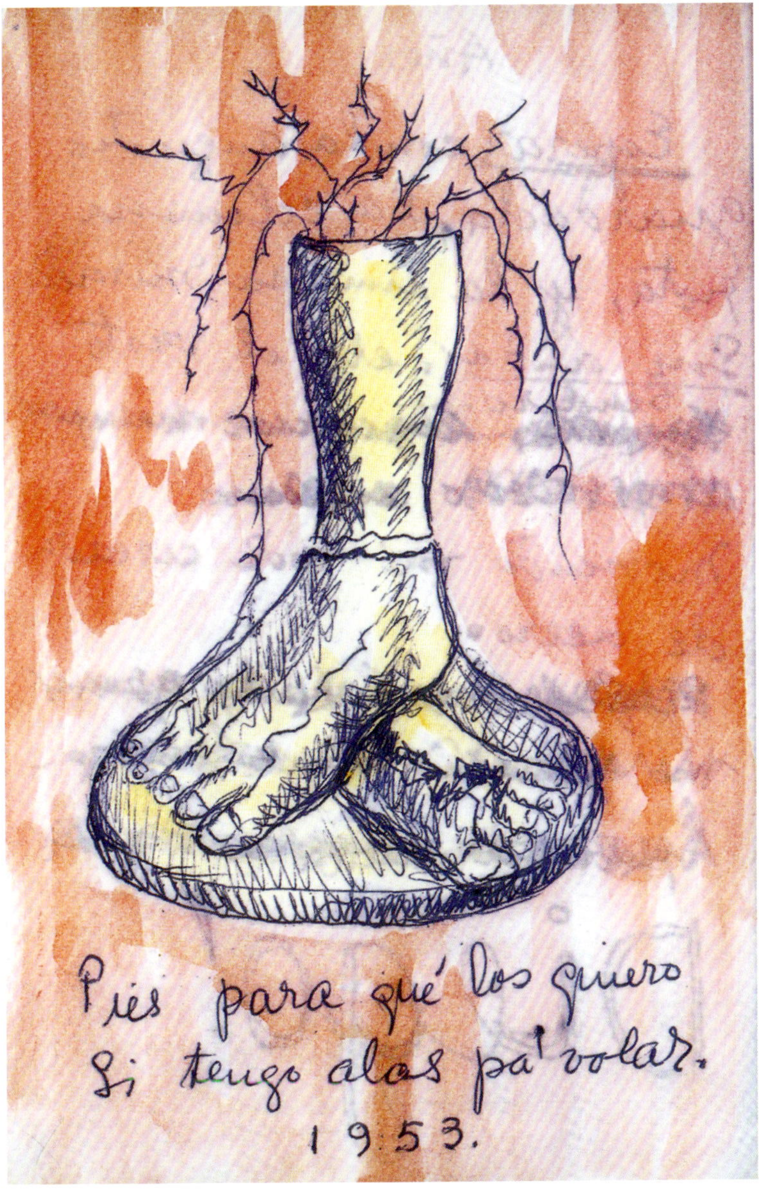
Piés para qué los quiero
si tengo alas pa'volar.
1953.

Cuando él cuestionó la fecha de su regalo, ella le dijo: "...porque siento que te voy a dejar muy pronto". El 13 de julio de 1954, Frida Kahlo falleció a la edad de cuarenta y siete años. En un cajón cercano a su cama había escondido un gran frasco de antidepresivos, pero algunos de sus amigos declararon que ella nunca habría dispuesto de su propia vida. Otros estuvieron en desacuerdo. El certificado oficial de defunción decía "embolia pulmonar".

Página del diario de Frida Kahlo

1953
Guacha sobre papel
Colección privada

S.O.

Frida decidió que la cremaran. Meticulosamente vestida con un traje de tehuana, típicamente mexicano y engalanada con sus joyas, el cuerpo de Frida fue llevado al Palacio de Bellas Artes de ciudad de México, donde más de seiscientos visitantes le rindieron homenaje bajo el cielorraso neoclásico de la bóveda de la recepción principal. Diego Rivera, perturbado y estremecido, estuvo sentado a su lado durante todas las visitas del público.

Frutos de vida

1953
Óleo sobre fibra dura, 47 x 62 cm
Colección Raquel M. de Espinosa Ulloa, ciudad de México

LUZ

Un poco antes, en su estado de incredulidad, le había cortado las venas para asegurarse de que estaba realmente muerta.

El funeral se convirtió en un evento político exaltado y emotivo (una bandera roja con la hoz y el martillo comunistas cubría su ataúd), en total consonancia con su caótico estilo de vida.

Página del diario de Frida Kahlo

1953
Guacha sobre papel
Colección privada

ENGELS
MARX
LENIN
STALIN
MAO

En su autobiografía, Rivera admitió: "Me he dado cuenta demasiado tarde de que la parte más maravillosa de mi vida fue mi amor por Frida". Diego Rivera murió en ciudad de México tres años más tarde, en 1957.

En su autobiografía de 1953, Frida escribió:

"La pintura completó mi vida. Perdí tres niños y muchas otras cosas que habrían satisfecho mi horrible vida. Mi pintura reemplazó todo ello. Creo que el trabajo es lo mejor".

Página del diario de Frida Kahlo

1953
Acuarela sobre papel
Colección privada

Índice

F

G

M

N

R